懂心理学的妈妈这样捕捉孩子敏感期

谊忍◎编著

中国纺织出版社有限公司

内 容 提 要

0~6岁是孩子成长的敏感期，这一阶段，孩子受内在生命力的驱使，不断吸收周围环境中某一事物的特性，并不断进行重复实践。妈妈捕捉到孩子的敏感期，并对他们加以引导，就能取得事半功倍的效果。孩子没有到敏感期时，任何揠苗助长的行为都是徒劳的，若延误了能力培养的时机，则会对孩子的发展造成阻碍。

本书主要从心理学的角度，按照年龄阶段，针对亲子早教进行编写，向妈妈们介绍了敏感期的基本概念及具体教养策略。本书语言轻松活泼、通俗易懂，希望可以帮助妈妈们让孩子更好地成长。

图书在版编目（CIP）数据

懂心理学的妈妈这样捕捉孩子敏感期 / 谊忍编著. -- 北京：中国纺织出版社有限公司，2024.4
ISBN 978-7-5229-1619-4

Ⅰ. ①懂… Ⅱ. ①谊… Ⅲ. ①儿童教育—家庭教育 Ⅳ. ①G781

中国国家版本馆CIP数据核字（2024）第071929号

责任编辑：刘桐妍　　责任校对：王花妮　　责任印制：储志伟

中国纺织出版社有限公司出版发行
地址：北京市朝阳区百子湾东里A407号楼　邮政编码：100124
销售电话：010—67004422　传真：010—87155801
http://www.c-textilep.com
中国纺织出版社天猫旗舰店
官方微博 http://weibo.com/2119887771
鸿博睿特（天津）印刷科技有限公司印刷　各地新华书店经销
2024年4月第1版第1次印刷
开本：710×1000　1/16　印张：11
字数：125千字　定价：49.80元

凡购本书，如有缺页、倒页、脱页，由本社图书营销中心调换

前 言

生活中,一些妈妈发现,在孩子还特别小的时候,他们好像总喜欢咬东西,无论你给什么,他们都会往嘴巴里塞,而且,他们还喜欢咬手指、衣角……其实,此时我们不必阻止他,因为这是敏感期开始的标志。

所谓儿童敏感期,是指在0~6岁的成长过程中,儿童受内在生命力的驱使,专心吸收周围环境某一事物的特性,并不断进行重复实践的过程。换句话讲,就是孩子对其生活周围的一切事物进行认知、学习和掌握的过程。

当敏感期出现时,孩子的内心会有一股无法遏止的动力,驱使孩子对他所感兴趣的特定事物产生尝试或学习的热情,直到满足内在需求,这股动力才会消失。蒙台梭利称这段时期为"敏感期",也有其他教育学家称之为学习的关键期或教育的关键期。

在0~6岁,孩子依靠一个接一个的敏感期来发展自己。例如,孩子初始是用口来感知世界的。曾经有人对2650个幼儿做过调查,发现其中46%的幼儿都有吮吸手指的习惯,男女之间没有什么显著的差异,可见有这种习惯的孩子不在少数。著名心理学家弗洛伊德把婴儿出生后的第一年称为"口腔期",是人格发展的第一个基础阶段。

所以,我们要知道,孩子的敏感期从他们出生时就开始了,妈妈要耐心地了解孩子的需求，因为处于对外界探知阶段的孩子十分活泼、细腻而又脆弱，你需要更多地照顾他们由于敏感期而自发产生的需求。如果你一味阻止，那么很容易出现的一种情况是，孩子的这种需求会不断延迟出现，或者表现出一种急切感。例如，有的孩子在上小学后还有咬手指和文具的习惯，这是因为他们在口腔期的欲望没有得到满足。那些高中时学习成绩优异、顺利考入大学的孩子，一到大学就如脱了缰的野马，开始尽情地玩和放松。一经采访才知道，原来他们从小一直被父母管制、一味学习，很少有时间玩，所以一旦脱离家庭的管束，他们就开始满足自己这种"享受"的欲望。

总之，作为妈妈，我们都要认识到为孩子营造爱与自由环境的必要性。儿童心理学家认为，重视儿童的敏感期是必要的，对孩子的培养要遵循规律，尤其要根据孩子不同年龄的不同敏感期进行区别对待。为此，妈妈要找到一套具体的引导孩子度过敏感期的方法，而这就是我们编写本书的目的。

本书从心理学的角度，讲述一个个育儿过程中的小故事。这些故事来自真实的日常生活，极具针对性和操作性，让妈妈们在感到熟悉和有趣的同时，领会到敏感期教育的真谛，找到适合自己孩子的教育方法。

全书根据儿童的年龄段进行组织编写，符合儿童成长规律和认知的逻辑顺序，便于不同阶段孩子的妈妈选择阅读。祝愿每个孩子都能快乐地度过自己的敏感期，也让作为人母的我们都能在教育孩子的过程中不断完善自我，与孩子一同成长。

编著者

2023年10月

目 录

第01章 耐心陪伴和引导，孩子从一出生就进入了敏感期

耐心陪伴，与敏感期孩子一起成长 /003

妈妈要了解儿童九大敏感期 /006

妈妈懂点心理学，能与敏感期孩子顺畅沟通 /009

多帮助和引导敏感期孩子，不要控制他 /011

重视孩子敏感期，帮助孩子健康成长 /014

第02章 妈妈懂点儿童心理学，敏感期教育不发愁

儿童敏感期的教育，妈妈要有信心 /019

对敏感期孩子的教育，要批评和表扬相结合 /022

在敏感期培养孩子的责任心，使其变得勇敢 /025

孩子在敏感期表现出的天赋，妈妈要用心保护 /028

妈妈要对孩子言传身教 /031

第03章 孩子的心灵很脆弱，敏感期要多加呵护

学龄前期的家庭教育要注意什么 /037

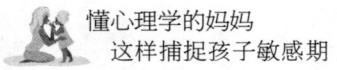

强硬的妈妈会成为孩子的坏榜样 /040

孩子的智力不宜过早开发 /043

过度民主，不利于孩子的身心健康 /046

照顾孩子，妈妈要情绪稳定 /049

溺爱孩子其实害了孩子 /052

第04章　0~2岁敏感期：孩子开始大胆探索奇妙的世界

鼓励孩子观察世界：视觉敏感期 /057

孩子最爱用嘴巴感知世界：口部敏感期 /060

孩子的听力发展决定智力发展：听觉敏感期 /063

孩子总喜欢触摸物体：手部敏感期 /066

读懂那些天真的语言：语言敏感期 /070

妈妈要勇敢向孩子表达爱：渴望爱的敏感期 /073

第05章　2~3岁自我意识敏感期：尊重孩子的感觉

父母要成为孩子言行的榜样：模仿敏感期 /079

帮助孩子建立秩序感：秩序的敏感期 /081

孩子喜欢用身体感知空间：空间敏感期 /084

孩子总觉得什么都是大事：细节敏感期 /087

2岁以后，孩子的自尊意识越来越强 /090

第06章　3~4岁敏感期：宝宝对外界的一切都敏感好奇

孩子总喜欢颜色鲜艳的物品：色彩敏感期 /095

孩子总是固执己见：执拗敏感期 /098

我是××，不是××：自我意识萌芽 /101

凡事总要做到百分之百：审美和追求完美的敏感期 /103

这东西是我的：占有敏感期 /106

孩子渴望交友：人际关系的敏感期 /109

第07章　4～5岁敏感期：孩子的社会属性开始萌发和建立

孩子的情商很高：情感表达敏感期 /114

好奇宝宝总是问自己从哪里来：出生和性别的敏感期 /117

孩子喜欢听美妙的歌声：音乐敏感期 /120

我的名字是××：儿童身份确认敏感期 /123

孩子喜欢涂鸦：绘画敏感期 /126

什么是结婚：婚姻敏感期 /129

第08章　5～6岁敏感期：融入集体开始适应社会

孩子喜欢猫猫狗狗：自然敏感期 /135

孩子擅长玩数字游戏：数字敏感期 /137

遵守规则才是好孩子：社会规则敏感期 /140

孩子总爱问为什么：探索敏感期 /143

书里有很多有趣的事：阅读敏感期 /146

第09章　每个孩子性格不同，重视孩子敏感期教育要因人而异

妈妈要了解学龄前孩子的身心发展特点 /153

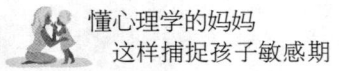

好动型孩子：给予陪伴，耐心引导 /157

虚伪型孩子：建议要中肯，表扬要真诚 /159

张扬型孩子：多给予冷处理，让孩子安静下来 /162

消极型孩子：妈妈要多支持和鼓励 /165

参考文献 /167

第 01 章
耐心陪伴和引导,孩子从一出生就进入了敏感期

每个孩子都是独特的生命个体,蕴藏着神奇的生命力量。他们有自身的成长规律,也有内在的生命节奏。妈妈既要全心全意照顾好孩子,也要更加了解孩子成长的规律和历程,从而捕捉到孩子成长过程中的敏感期,为孩子的成长保驾护航,同时为孩子的成长提供最大的助力。

耐心陪伴，与敏感期孩子一起成长

有一天，在妈妈接小宝从幼儿园回家的路上，小宝突然对妈妈说："妈妈，我们结婚吧！"这句话简直把妈妈吓到了，她不知道为何才五岁的小宝会提出要和妈妈结婚这样荒唐的请求。妈妈误以为小宝在幼儿园的时候受到了什么欺负，因而当即打电话询问老师小宝在幼儿园里的表现情况。老师向妈妈证实小宝在幼儿园里的生活一切正常，为此，妈妈更加困惑：小宝到底是为什么会提出这种请求的呢？

回到家里，妈妈把小宝的情况告诉爸爸，爸爸也一筹莫展，不知道小宝怎么会提出这样的请求。后来，爸爸灵机一动，想起自己有个高中同学就是心理学专家，因而当即打电话向同学询问小宝的情况。听到爸爸紧张的陈述，同学不由得笑起来，说："你们这对父母也太粗心大意了吧，五岁正是孩子的婚姻敏感期，很多孩子会对婚姻产生初步的认识和本能的向往，所以有些孩子提出要和爸爸妈妈结婚，还有些孩子在幼儿园里和小伙伴们过家家，提出要和小伙伴结婚，甚至还有的孩子会要求和老师结婚呢，这都没什么奇怪的。"听了同学的话，爸爸紧张的心这才放松下来："我们还以为他是看到或者听到什么事情，受到了不良影响，所以才会这样异想天开呢！"同学说："老同学，你可以看一些关于幼儿教育的书籍，现在有很多新的理念呢，就算是大致了解一些，也不至于那么紧张和慌乱了。时代在进步，社会在发展，现在的孩子和咱

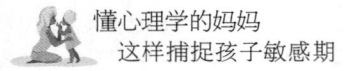

们小时候不同，与其被孩子弄得措手不及，还不如提前做好准备，这样才能对孩子的成长做到心中有数，你说呢？"爸爸连连点头，觉得老同学说得很有道理，当即让老同学为他推荐了几本关于儿童心理的书。

事例中，小宝正是进入了婚姻敏感期，才会对妈妈提出结婚的请求。假如能够提前了解关于婚姻敏感期的知识，爸爸妈妈就不会这么慌乱，也能了解为何孩子想要与最亲近的人结婚了。孩子在对婚姻产生本能的憧憬之后，由于他们交往的人很少，在日常生活中主要与父母、老师、小伙伴等人相处，因此他们会本能地想要和这些亲密关系的人结婚。有些孩子主要由爷爷奶奶负责带养，他们还会提出要与爷爷奶奶结婚。细心的父母还会发现，五六岁的孩子很喜欢玩过家家的游戏，他们与小伙伴们分别饰演孩子、爸爸、妈妈，甚至还有爷爷、奶奶、老师等，这让他们感到很新奇有趣，因此他们总是玩过家家的游戏并且乐此不疲。

在了解了敏感期的相关知识之后，很多妈妈在陪伴孩子度过敏感期的过程中，都会情不自禁地抱怨："我家孩子的敏感期怎么那么长，到底什么时候才会结束哇？""我家孩子能不能不敏感了，简直太难熬了。"除了这样的抱怨，也有的妈妈会期盼某些特定的敏感期快快到来，她们会说："我家孩子的绘画敏感期什么时候才能出现呢，我真想知道他是否热爱绘画，是否能够成为一名画家呢！""我希望孩子的文化敏感期早早到来，因为我想教会他读书、背诵古诗，我想让他学富五车、才高八斗！"实际上，不管是抵触敏感期的到来，还是盼望敏感期的到来，都无法左右和控制敏感期的到来。只有孩子自身的成长规律，才能真正决定敏感期什么时候出现，又会持续多久才能结束。

明智的妈妈知道，孩子的成长有自身的规律可循，也有内在的节奏需要遵守，这是生命的特性决定的。不管是父母还是孩子自身，都无法左右和控制生

第 01 章
耐心陪伴和引导，孩子从一出生就进入了敏感期

命的成长阶段和进步的节奏。当妈妈过分在乎孩子的敏感期，或者过于强调敏感期对于孩子成长的作用时，孩子可能会在妈妈不切实际的期盼或者对敏感期的恐惧中，变得畏缩不前，这不仅不利于孩子的身心发展，还会严重影响孩子的情感和情绪。妈妈必须认识到，敏感期是孩子生命中特定的阶段。在敏感期中，孩子的成长更加微妙，孩子既不能直接跳过这个时期，也不能按自己意愿停留在敏感期之中。作为妈妈，唯有给予孩子耐心的陪伴，才能帮助孩子顺利度过敏感期，也才能让孩子的成长事半功倍。

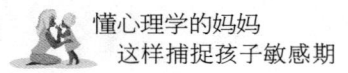
懂心理学的妈妈
这样捕捉孩子敏感期

妈妈要了解儿童九大敏感期

对于每一个孩子而言，大自然赐予他们最好的礼物，就是与生俱来的敏感期。正是敏感期为他们的生命提供了源源不断的动力，他们才能在成长过程中按部就班，水到渠成。意大利著名的教育学家蒙台梭利曾经向人们列举了孩子的九个关键敏感期。

第一个是语言敏感期。0~6岁的孩子正处于语言发展的关键时期，在整个敏感期期间，孩子的语言能力都在快速地发展和进步。因而父母要为孩子营造良好的语言环境，既为孩子的语言表达进行示范，也要为孩子的语言能力发展提供学习的环境，如此双管齐下，孩子的语言能力自然会快速进步。

第二个是感官敏感期。感官敏感期是一个从孩子一出生就出现，持续到孩子六岁前后才会结束的时期。所谓感官，就是视力、听力、触觉、嗅觉、味觉等。正是在感官的综合作用下，孩子们才能更加深刻地认知和理解世界，同时也以此熟悉周围的一切。

第三个是动作敏感期。动作敏感期同样起始于孩子一出生的时候，持续到孩子六岁前后。顾名思义，动作敏感期意味着孩子在这个时期会进行各种动作的发展，不同的动作还要互相协调。孩子的动作发展与他们的脑部发育是密切相关的，父母可以多带着孩子进行各种运动，帮助孩子实现动作平衡，此外，适度运动还能促进孩子的脑部发育。

第四个是秩序敏感期。通常情况下，孩子在2~4岁会进入秩序敏感期。这个阶段的孩子对秩序表现出强烈的执念，他们会在玩过玩具之后，把玩具放到之前的位置上，而且做事情的时候讲究先后顺序，甚至连走路都要沿着习惯的路线。对于孩子的表现，妈妈不要觉得孩子很固执，而要知道孩子正处于秩序敏感期，所以想要努力维持秩序。

第五个是有关生活中细小事物的敏感期。大概从一岁半开始，孩子的观察力会越来越敏锐，妈妈会发现，这个时期的孩子能看上半天的蚂蚁，或者兴致勃勃地玩上好几个小时的塑料碎片。看到这种情况，妈妈往往觉得孩子很无聊，实际上这不是孩子无聊，而是敏感期让他们对于这些细小事物更感兴趣。当发现孩子正在对细小事物入神观察时，妈妈不要催促孩子，否则就会破坏孩子的专注力，并且孩子的观察能力也无法借此提高。

第六个是社会规范敏感期。听到这个名词，一定有很多妈妈觉得可笑，孩子还那么小，怎么就与社会规范扯上关系了呢？不得不告诉每一位妈妈的是，孩子即使再小，也是社会的一员，也要遵守社会规范。孩子两岁半之前还没有上幼儿园，所以他的主要活动场所在家里，而且他的身边也都是家人。在3岁前后，孩子走出家庭，开始去幼儿园里学习，他们对于交往的需求变得强烈起来，而且喜欢在与小伙伴相处的过程中遵守社会规范。在3~6岁期间，孩子正处于认知社会规范、养成遵守社会规范好习惯的关键时期，妈妈要给孩子树立积极的榜样，同时引导孩子更好地融入社会生活。

第七个是文化敏感期。通常情况下，孩子在三岁前后会对文化学习产生浓厚的兴趣，但是到了6~9岁，他们才会表现出探索事物的欲望。在这个阶段，妈妈要引导孩子主动学习，也要帮助孩子认识到学习的魅力所在。

第八个是书写敏感期。三岁半之后，也就是进入幼儿园没多久，孩子经历

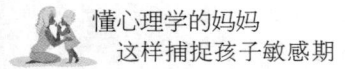

了一段时间的学习之后，会进入书写敏感期。三岁半到四岁半的一年时间里，妈妈会发现孩子对于书写充满热情，常常拿着纸和笔独自写写画画，还有些孩子甚至会在墙壁上乱涂乱画，这也是热爱书写的表现。在这个阶段，妈妈无须引导孩子进行规范书写，让孩子自由地书写即可。

第九个是阅读敏感期。孩子在四岁半之后会比较喜欢阅读。五岁半之前，他既喜欢听父母给他讲书本上的故事，也喜欢独立自主地看书。因而，妈妈要为孩子准备一些经典的绘本，这些绘本要以图画为主，也要有一定的文字讲述。这样，孩子在图文并茂的书籍中，会更加能够感受到阅读的乐趣，也会真正爱上阅读。

当然，孩子的敏感期远远不止这些，妈妈要主动去了解孩子，并且用心观察孩子，时刻关注孩子的成长状态，这样才能给予孩子最好的引导与启迪。

妈妈懂点心理学，能与敏感期孩子顺畅沟通

早晨起床之后，甜甜坚持要自己穿鞋子，妈妈觉得很高兴，因为这意味着甜甜长大了，想要做力所能及的事情，自己照顾自己了。然而让妈妈苦恼的是，甜甜每次都要把两只鞋子颠倒过来穿。妈妈很无奈，告诉甜甜："甜甜，你把左右脚的鞋子穿错了，你应该要把左右脚的鞋子颠倒过来，这样才是正确的。"才三岁半的甜甜很倔强，每当听到妈妈这么说的时候，她总是很生气，而且坚决不愿意调整鞋子。

有一天早晨，甜甜起床之后就在地上跑开了，也许是因为早晨起床之后还不够清醒，也许是因为跑得太快，她一下子摔倒在地上。妈妈检查甜甜没有受伤之后，语重心长地对甜甜说："甜甜你看看，鞋子要正确地穿，走路的时候才不会被自己的脚绊倒。否则走路的时候，一只脚绊到另一只脚，这是很容易摔倒的。在家里摔倒还不容易受伤，你要是在外面摔倒，把腿磕碰着，就不能穿裙子了。"听到妈妈耐心地解释，甜甜忽闪着大眼睛，最终点点头，说："好吧，我把鞋子换过来。"

甜甜之所以固执地不愿意换鞋子，是因为她并不觉得自己穿鞋子的顺序错了，在这种情况下，甜甜当然会坚持自认为正确的决定，妈妈一劝说，矛盾就产生了。妈妈很聪明，借着甜甜摔倒的机会，告诉甜甜穿反鞋子会很容易摔倒受伤，对甜甜展开及时的引导和纠正。正因为如此，甜甜才能听从妈妈的建

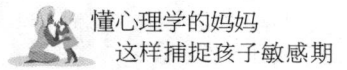

议，当即把鞋子换过来。当孩子处于敏感期时，他们的自尊心很敏感，因而妈妈强制要求孩子的行为并不能起到好的效果，唯有尊重和理解孩子，真正平等地对待孩子，父母才能更好地陪伴孩子成长。

孩子的敏感期也是妈妈需要调动智慧陪伴孩子成长的关键时期。如果妈妈对于孩子的敏感期一无所知，则会在无形中耽误孩子在敏感期的成长。如果妈妈不了解孩子的敏感期，更不知道孩子各种奇怪的行为从何而来，那么妈妈不仅不能给予孩子理解和尊重，甚至还有可能与孩子产生冲突，导致亲子关系紧张。因而，当孩子进入敏感期，妈妈一定要坚持学习相关知识，更多地了解孩子的身心发展规律，这样才能了解孩子言行举止产生的原因，也才能与孩子进行心灵的沟通。

在成长的道路上，如果妈妈不能理解孩子，孩子往往是孤独的。妈妈应当做好孩子成长的引路人，能够给予孩子更多的理解和尊重，并且能站在孩子的成长之外理性地审视孩子的成长。如果妈妈充满智慧，知道孩子在特定阶段所经历的敏感期，那么他们就会更加深入孩子的内心，以全新的视角观察孩子的成长，理解孩子在成长中的各种表现。反之，假如妈妈对于孩子的成长总是怀着无动于衷的态度，也不愿意以学习的姿态跟上孩子成长的脚步，那么日久天长，就会导致孩子的成长面对更多的困境。

很多细心的妈妈会发现，当孩子处于敏感期的时候，他们的情绪是敏感多变的。为了给孩子健康快乐的童年，妈妈要能敏感地觉察到孩子的情绪变化，在必要的时候有效地舒缓孩子的情绪，这样孩子才能摆脱情绪的困扰，真正快乐独立地成长。有些妈妈总是忽视孩子的情绪，觉得孩子还小，没有那么多情绪问题需要解决。实际上，孩子虽然小，但是内心非常敏感，妈妈唯有真正用心地关注孩子的情绪、依靠智慧与孩子进行心灵的沟通，才能保障孩子的身心健康，也才能让孩子在成长的过程中收获更多的快乐。

多帮助和引导敏感期孩子，不要控制他

这一天，妈妈与乐乐之间发生了激烈的争吵。原来，乐乐想让妈妈帮他在网上购买一块手表，但是乐乐选好手表的时候妈妈正在洗澡，而等到妈妈洗完澡乐乐又已经睡着了，所以他们没有及时对手表的购买进行确认。次日，乐乐去上学了，妈妈在准备下单购买手表的时候，发现乐乐选中的手表是小号的，并不适合乐乐，因此，妈妈自作主张地为乐乐购买了大号手表。没想到，等到乐乐放学回家看到妈妈为他购买的手表之后，当即大叫起来。乐乐生气地质问妈妈："你为什么要给我购买这款手表呢？我不喜欢，你要么退掉，要么爱给谁给谁，我就是不要。"妈妈也觉得很委屈："我是因为担心小号的手表不适合你，所以才好心给你买了大号的手表，我买这款手表还多花了好几十元钱呢！你要是不喜欢，我就送给乔阿姨家的孩子，他还求之不得呢！"乐乐还是情绪激动，说："爱送给谁就送给谁，我都这么大了，还非要替我做决定！"

看到乐乐上纲上线，妈妈也气愤起来："什么叫我代替你做决定啊？我是误以为你不知道你选择的手表是小号的，所以才帮你买了大号的手表。如果是我明知道你想买小号却坚持给你买了大号，这才叫替你做决定，懂吗？"就这样，妈妈和乐乐之间发生了争吵，闹得很不愉快。

乐乐的情绪为何这么激动呢？妈妈很难理解，因为妈妈觉得自己只是好心办了坏事，而并不是非要代替乐乐做决定。妈妈原本还能耐心地解释，但是被

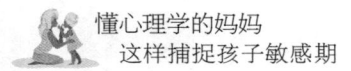

乐乐误解之后也突然火大起来。妈妈也想不通，乐乐有必要这么生气吗，手表买错了，只需要换一款即可，完全没有必要这么气愤。

实际上，当孩子处于敏感期的时候，他们的情绪往往是非常容易激动的。在这个阶段，父母不要总是强求孩子，也不要总是对孩子指指点点。唯有爱与尊重，才能让孩子激动的心恢复平静，因而妈妈对孩子也要有足够的耐心。妈妈一定要记住，自己无法代替孩子成长，唯一能做的就是安抚孩子的情绪，给孩子的成长提供更加便利的条件，同时要抓住各种机会培养孩子独立作选择、解决难题的能力。在这种情况下，孩子不仅会更加快速地成长，也会因为与父母之间关系友好，而更积极乐观地面对生活。父母要想与敏感期的孩子建立更加和谐融洽的关系，一味压制孩子是不可取的，应当站在孩子的角度上思考问题，同时基于敏感期的出现调整教育和引导孩子的方式，只有这样，亲子关系才能更融洽。不得不说，在孩子特殊的成长阶段，妈妈所要做的就是默默地陪伴和关注孩子，做好孩子的坚强后盾就好。

在认识到敏感期的重要作用后，每个妈妈都希望能够抓住敏感期的机会，给予孩子适度的引导，有效促进孩子的成长。妈妈望子成龙、望女成凤的心情当然是可以理解的，但是对于孩子而言，成长不能人为规划。孩子的成长有自身的规律，也有内在的节奏，妈妈不要打乱孩子的成长节奏，而应该帮助孩子更好地成长。由此可见，父母要想帮助孩子度过敏感期，先要端正心态，不要试图改变或者控制孩子的成长，而是要让自己作为陪伴者和旁观者，在合理的距离下，默默地关注孩子的成长，同时也想方设法地为孩子的成长提供最便利的条件。

在孩子长大成人之前，妈妈是孩子最好的陪伴者，也是为孩子支撑起人生的人。对于孩子的成长，妈妈都想倾尽全力，但是孩子的未来不是别人能完全把控的。对比自己的人生，妈妈们就会知道，每个人都无法完全控制自己的人

第 01 章
耐心陪伴和引导，孩子从一出生就进入了敏感期

生，又如何能够规划和控制孩子的人生呢？所以，妈妈在陪伴孩子成长、为孩子营造良好生存环境的同时，要注意学会站在孩子的角度思考问题，而不要总是用自己的想法揣度孩子，或者先入为主地误解孩子的行为表现。尤其是如今很多家庭条件好了之后，孩子都有独立的卧室，那么妈妈在为孩子布置卧室或者书房的时候，就要考虑到孩子的喜好和实际的需求。归根结底，孩子的成长离不开妈妈的照顾，当妈妈为孩子营造一个健康良好的环境，也给予孩子足够的成长空间时，孩子们就能够感受到自己生命力的顽强，也就能够因为需求得到满足而坚持不懈地进步和成长。

此外，还需要注意的是，孩子虽然小，但也能够根据自身的需要做出本能的选择，这是敏感性在告诉孩子他们需要什么。因而当很多妈妈自以为理性地代替孩子做出看似明智的选择时，孩子的需求却并不能得到满足。例如，有些孩子挑食是因为没有养成良好的饮食习惯，但是妈妈完全可以让孩子吃自己喜欢的食物，只要不影响孩子的身体健康即可。为何妈妈自己可以自主地选择吃喜欢的食物，却总是对于孩子提出苛刻的要求，甚至规定孩子只能吃什么、不能吃什么呢？选择吃什么是孩子的权利和自由，妈妈理应对孩子表示尊重。再如，在面对很多选择的时候，有些孩子是很有主见的，有些妈妈虽然不觉得孩子的选择是错误的，却觉得孩子的选择没有他们的选择那么明智。在这种情况下，妈妈切忌干涉孩子的选择，既然父母不可能永远代替孩子选择，也不能认定孩子的选择就一定是错的，那么父母就应该尊重孩子，同时也尊重孩子的选择。不要因为觉得孩子的选择是不合理的或者不够明智的，就否定孩子的选择，很多时候妈妈自认为好的选择对于孩子的成长未必会起到预期的作用。在这种情况下，把选择的权利交给孩子，才是父母对孩子最大的尊重与最深刻的爱，也才能对孩子的成长起到积极有效的推动作用。

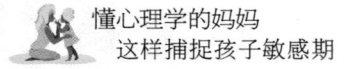

重视孩子敏感期，帮助孩子健康成长

　　大自然是神奇的，每个生命在成长的过程中都有其自身的规律和节奏可以遵循，孩子的成长也是如此。意大利著名的教育家蒙台梭利曾经说过，每个新生命都自带神秘的本能，在这个本能的指导下，孩子能主动成长，激发生命的内在力量，帮助自己更好地适应外界，并不断进步。蒙台梭利主张给予孩子主动成长的权利。因为孩子是非常敏感的，他们能够感知到外部的环境，也可以根据外部环境的各种变化不断地调节自己。当然，这种敏感性虽然是与生俱来的，但并不会当即表现出来。在受到外界刺激的情况下，孩子们会更趋于表现出这种敏感的特性，使其如同突然出现的灵感一般一闪即逝。

　　不仅孩子拥有这种敏感性，在大自然中，很多动物也拥有这种敏感性。例如，蝴蝶妈妈为了保护卵的安全，往往把卵产在树枝杈中的隐蔽位置，但是树上的嫩叶却生长在树梢处，这样一来，当卵孵化出蝴蝶幼虫，幼虫就必须爬到树梢处才能吃到嫩叶。荷兰科学家德弗利斯最早发现了蝴蝶的敏感性。他经过研究发现，几乎每只蝴蝶幼虫都能顺利找到嫩叶。这到底是为什么呢？是什么指引着蝴蝶幼虫奔向美味的食物呢？原来，蝴蝶幼虫对于光线有天生的敏感性，而树梢处正是它们所在的树枝上光线最强的地方，所以它们只需要朝着最光亮的地方爬过去就能找到嫩叶。随着幼虫不断地成长，它们也可以吃那些相对成熟的树叶了，在此过程中，它们对于光的敏感性渐渐消失，并且以树枝两

第01章
耐心陪伴和引导，孩子从一出生就进入了敏感期

侧的老叶为食物。了解了蝴蝶的卵变成幼虫，幼虫跑到枝头上吃嫩叶的过程，我们不由得为生命的神奇力量而感慨。

每个孩子都是神奇的生命个体，他们独一无二，与众不同，看似孱弱，实际上却有强大的生命本能。从这个角度考虑，妈妈除了照顾好孩子的吃喝拉撒，满足孩子基本的生理需求之外，还需要认真细致地观察孩子，从而给孩子提供最有利于成长的环境，同时也让孩子身心健康地成长。

不得不说，在0~6岁期间，孩子在成长的每个阶段都有特定的敏感期。在特定的敏感期内，孩子某个方面的能力会比较强，如果妈妈能够在这个阶段，有的放矢地对孩子进行启发引导和教育，那么孩子在特定方面的能力就会得以发展，变得越来越强。反之，妈妈如果错过了孩子特定的敏感期，那么孩子在特定方面的能力发展就会受到限制。所以也可以说敏感期是孩子成长的推动力之一，是孩子成长的好机会。如果妈妈及时地捕捉到了孩子的敏感期，并且能够借助敏感期适时地对孩子展开教育，那么孩子的学习就会更轻松，孩子的成长也会事半功倍。有的时候，妈妈为了激发出孩子在敏感期的敏感性，还可以选择给予孩子一定的外部刺激，从而让孩子的敏感性更加强烈地释放出来。这对于孩子的成长和发育，是有很大好处的。

需要注意的是，孩子的敏感期是一个又一个接连出现的，因而妈妈一定要有耐心，要等待孩子敏感期的出现。对于孩子已经出现的敏感期，妈妈要努力抓住并相应地给予外部刺激，这样一来，父母才能给予孩子积极正向的引导，也才能让孩子的成长水到渠成。

1920年，印度曾经发生了一件事情，让整个世界都为之震惊。在印度的森林里，人们发现了两个狼孩，这两个孩子都是女孩，一个七八岁，一个大概两岁。由于这两个孩子一直住在狼窝里由狼妈妈抚养长大，所以她们的生活习

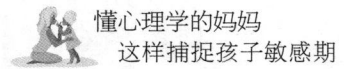

性和狼一样,完全没有人的特征。她们不会直立行走,而是像狼一样用四肢行走,她们昼伏夜出,在白天总是酣睡,等到夜晚到来时才四处行动、觅食。她们喜欢趴在地上直接用嘴巴撕碎肉块,然后吃掉,而不会使用手。最重要的是,她们还与狼一样害怕水、火和光。在被发现她们的人送到孤儿院之后,那个大概两岁的女孩才过了一年的时间就去世了。人们意识到狼孩很难适应人类社会,因而更加重视对另一个七八岁的女孩进行训练。然而,七八岁的女孩并没有表现出相对应的人类智慧,虽然活了将近十年,但是她的智力水平才达到三岁左右孩子的智力水平。

狼孩事件曾经让整个世界都为之轰动,这告诉我们,哪怕是正常的孩子,如果错过了敏感期,或者是在敏感期内得到了错误的外部刺激,他们也无法健康地成长。事例中,七八岁的女孩正是因为在狼窝中度过了敏感期,才会无法接受人类的教育和人类社会的生活。从神经学的角度而言,她已经建立了"狼的神经通路",所以她无法再形成正常的人类思维。总而言之,孩子的敏感期至关重要,很多妈妈误以为对于年幼的孩子无须过多关注,只有对于青春期的孩子才需要谨慎对待和引导,其实这种观念是完全错误的。孩子的成长过程是不可逆的,妈妈一定要关注孩子每个阶段的成长,尤其要关注孩子在0~6岁期间的生长发育情况,只有这样才能在最好的时机里给予孩子恰当的帮助和及时的引导,同时也能督促孩子更好地发展。

第 02 章
妈妈懂点儿童心理学,敏感期教育不发愁

孩子处于敏感期,各个方面的能力都在快速发展,身心也处于不断的发展之中。在这种情况下,妈妈要想陪伴孩子更好地成长,一定要懂点心理学,这样才能更好地了解孩子的心理状态,也才能最大限度地激发孩子的潜能,让孩子健康快乐地成长。

儿童敏感期的教育，妈妈要有信心

面对孩子的敏感期，很多妈妈会感到抓狂，因为她们不知道如何才能帮助孩子顺利度过敏感期，也不知道孩子在敏感期内将会有怎样的变化。当妈妈忐忑不安地面对孩子的敏感期时，她们既会因为迷茫而手足无措，也会因为担心孩子而惴惴不安，如此，孩子自然也会焦虑，毕竟情绪是会传染的，如果妈妈把情绪传染给孩子，孩子也会受到影响，因而彼此都无法从容地面对敏感期。

对于孩子而言，自信心是他们成长的翅膀，能够为他们的成长助力。但是，如果孩子缺乏自信心，这必然导致他们在成长的过程中畏畏缩缩，止步不前。对于孩子而言，这是最糟糕的状态，会让他们的人生受到禁锢。当然，要想帮助孩子树立信心，妈妈首先要有信心。因为，妈妈的自卑和胆怯最终会传染给孩子，也会导致孩子在敏感期更加缺乏信心。在这种状态下，孩子自然无法从容地面对成长，尤其是当在成长过程中遇到很多苦难和磨砺的时候，他们会更容易灰心失望，从而让人生陷入困境之中。

对于年幼的孩子而言，他们的信心和力量其实来自父母。所以一旦父母失去信心，缺乏力量，孩子就会受到负面影响，他们也会变得胆小怯懦。因此，妈妈除了要照顾孩子的吃喝拉撒，还要肩负起引导孩子成长、充实孩子心灵的重要责任。在孩子小的时候，他们对于自己缺乏正确的认知，他们非常信任妈妈，所以常常根据妈妈对他们的认知来判断自己。如果妈妈总是一味否定孩子，甚至给孩子贴上负面的标签，那么孩子毫无疑问会对自己评价过低，甚至还会对自己的人生产生怀疑。在这种情况下，妈妈首先必须给予孩子信心，让孩子得到积极正向的评价和鼓励，只有这样孩子才能更加勇敢地迎接成长路上的挑战，也对自己更加信任，同时拥有相信自己的力量。妈妈必须意识到，孩子在幼年阶段得到的信息主要来自父母，如果你都不相信孩子，孩子又如何能拥有信心和力量呢？

在与孩子相处的过程中，如果发现孩子有任何需要你帮助或者支援的时候，你一定要及时给予孩子大力的支持，只有这样孩子才能从你身上得到力量。孩子还小，很多时候需要依靠妈妈。孩子唯有从妈妈那里得到回应，才会更加有信心应对困难，很多孩子还会根据父母对他们的重视程度来认识自身的价值。孩子的信心来自妈妈深沉浓烈的爱，因此妈妈一定要树立信心，及时回应孩子的请求，这样孩子才能从妈妈那里得到信心，也得到积极强大的力量。

妈妈还需要注意的是，及时积极地回应孩子不是姑息和纵容孩子。妈妈对于孩子的爱一定要有限度，也要适时适当，这样才能培养起孩子的信心，也能让孩子正确适当地面对自己。如今提倡赏识教育，妈妈要积极地给孩子认可和赞赏，而不要只知道批评和责骂孩子。每一个孩子都是在错误中成长起来的，对于孩子的很多错误，妈妈要包容。很多妈妈只顾着批评孩子，却没有指出他们的错误，这种情况下，孩子往往非常迷惘，并且也根本无法认识到自己的错误。

除了要鼓励孩子，妈妈还要接纳孩子的情绪与情感。很多妈妈尽管疼爱孩子，却不能容忍孩子负面的情绪表达。孩子是一个活生生的人，他们既有正面的情绪表达，也有负面的情绪表达，这既是孩子身心发展的需求，也是孩子成长的必然经历。因而当看到孩子歇斯底里地哭泣时，妈妈一定不要斥责孩子，

第02章 妈妈懂点儿童心理学，敏感期教育不发愁

而应该给予孩子独立的空间去发泄情绪。试想，如果孩子连表达和宣泄情绪的自由都没有，那么他们又要如何快乐地成长呢？孩子既需要广阔的空间来成长，也需要自由的环境来抒发内心的情绪。当妈妈认可孩子的情绪感受，孩子就能得到有效的安慰，甚至在短时间内就能控制好情绪，这比压制孩子的情绪要好得多。

很多妈妈尽管爱孩子，却不愿意花费更多的时间和精力陪伴孩子。不得不说，耐心陪伴是妈妈能给予孩子最好的爱，否则再多的物质和金钱也无法弥补对孩子爱的缺失。因而妈妈不要以挣钱为借口忽略对孩子的陪伴，妈妈的爱也是孩子获得信心的重要渠道之一，妈妈不要吝啬对孩子的爱与陪伴。

还需要注意的是，妈妈千万不要在生气的情况下口不择言，对孩子说伤人的话。孩子对于自我的认知还不够深刻，也无法中肯地评价自己，当妈妈对他们的评价有失中肯的时候，他们就会对自己形成错误的认知，甚至给予自己负面评价。因此，妈妈不要当着孩子的面随意发泄自己的情绪，要知道你的一言一行都会对孩子造成严重的负面影响。妈妈要谨言慎行，尤其是在涉及对孩子评价的时候更要如此，只有这样，妈妈才能给予孩子成长最好的引导和积极的指导。总而言之，孩子成长的过程也是妈妈成长的过程，在这个过程中，妈妈和孩子都要更加理性，充满信心，才能让彼此的成长顺利进行下去。

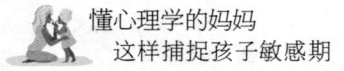
懂心理学的妈妈
这样捕捉孩子敏感期

对敏感期孩子的教育，要批评和表扬相结合

有一天，甜甜想帮妈妈把饭菜从厨房里端到客厅，一开始，妈妈担心甜甜端不动饭菜，也怕万一甜甜不小心把饭菜弄洒了反而变得更麻烦，所以想拒绝甜甜。但是又想到育儿专家说要让孩子做力所能及的事情，只有这样才能提升孩子的能力，让孩子能做很多事情，为此妈妈一转念又答应了甜甜的请求。甜甜很高兴，觉得自己终于能为妈妈做一些事情了。她先端米饭，只见她小心翼翼地端着米饭往前走，走到厨房和客厅之间的门槛时，脚突然被门槛绊了一下，她也一下子摔倒在地上。妈妈第一反应是担心甜甜有没有被摔碎的碗伤到，但是当看到甜甜没有受伤之后，妈妈就开始控制不住自己的怒气，生气地指责甜甜："你看你，不让你端饭，你非要端饭。这下子好了，不但把饭洒了，还把碗也摔了，赶紧去一边待着吧，我来收拾。"甜甜知道自己把事情搞砸了，有些懊丧，但还是勇敢地向妈妈申请："妈妈，我还可以端饭吗？我会非常小心的。"妈妈炮语连珠："你还端饭？如果再出现这样的情况，咱们今天就没有饭可吃了，而且家里的碗也会被你摔光的。"听到妈妈的话，甜甜委屈得眼睛里满含泪水，一动不动地站在那里。

正巧，爸爸回家了。看到甜甜的样子，爸爸赶紧关切地问："甜甜，你怎么了？怎么哭了呢？"甜甜哽咽着把事情说了一遍，然后询问爸爸："爸爸，我还可以端饭吗？我一定会非常小心的。老师说，小朋友回家要帮爸爸妈妈做家务。"听到甜甜的话,爸爸不由得觉得欣慰,对甜甜说:"当然可以呀,甜甜很棒,都能帮爸爸妈妈分担家务了。只要甜甜愿意,下次还可以帮爸爸妈妈做家务,不过甜甜要小心,因为破碎的碗盘很容易割伤人。你下次再从厨房进入客厅的时候,留神脚下,好吗?"在爸爸的鼓励下,甜甜又去端饭,妈妈原本想阻止甜甜,却被爸爸的眼神制止了。

在这个事例中,爸爸的做法是正确的。别说是孩子了,就算是成人,在刚刚开始做某件事情的时候,也要经历一个由生疏到熟练的过程。对于孩子的成长,妈妈一定要给予足够的耐心,也要明白孩子就是在不断犯错的过程中长大的。如果孩子不小心犯了错误,妈妈要注意区分孩子犯错的性质,是故意犯错,还是不小心犯错,又或者到底是贪玩犯错,还是好心办了坏事。根据孩子做事情的不同动机,妈妈要对孩子采取不同的政策,如对于好心办坏事或者无意间犯错的情况,妈妈要更加宽容孩子,同时也不忘鼓励孩子。对于孩子故意犯错或者是因为贪玩犯错,妈妈可以批评孩子,但也要注意把批评与表扬相结合,而不要一棒子打死,避免孩子在妈妈无休止的批评中失去再次尝试新鲜事物的勇气和信心。

孩子正处于好奇心特别强烈的年龄阶段,他们在好奇心的驱使下总是想要了解这个世界,探索这个世界。对于孩子的表现,妈妈不要苛求,同时也不要过度限制孩子的自由。在保障孩子安全的情况下,妈妈要鼓励孩子探索,多给孩子机会去亲自尝试,这对于孩子的成长有至关重要的意义。然而,不管孩子是因为什么原因犯错误,妈妈都要注意对孩子批评与表扬相结合,一味批评会伤害孩子脆弱的心,而一味表扬又会让孩子沾沾自喜、自以为是。妈妈一定要把握好教育孩子的度,也要掌握教育孩子的正确方式,只有这样才能最大限度地帮助孩子成长,也给予孩子积极正向的引导。记住,孩子的成长从来不是

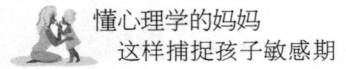

一蹴而就的，这就像大自然中的各种植物都有生长的周期一样，所以妈妈要耐心地等待孩子的生命绽放。如果妈妈因为急于求成就拔苗助长，则不仅会打乱孩子成长的节奏，也会导致孩子在成长的过程中陷入被动。人非圣贤，孰能无过？妈妈要宽容地对待孩子，用心地理解孩子，只有这样才能在帮助孩子成长的过程中，给予孩子更好的陪伴和指引。

在敏感期培养孩子的责任心，使其变得勇敢

记得小时候，鹏鹏最喜欢上学。从幼儿园的时候开始，在度过最初的哭闹期之后，他就每天都高高兴兴地去学校。因为幼儿园里有老师，有同学，鹏鹏喜欢和同学们一起玩，所以他非常喜欢上学。在小学低年级阶段，鹏鹏对于上学也是很乐意的。但自从进入三年级之后，学校的学习压力增大，并且班级里孩子们的学习成绩也有了很大的差距，鹏鹏的分数也一开始的九十几分下降到八十几分。为此，鹏鹏越来越害怕上学。

有一天早晨，鹏鹏在临出门的时候突然说肚子疼，还捂着肚子去了厕所。妈妈不明就里，以为鹏鹏真的肚子疼呢，妈妈很担心鹏鹏的身体，于是当即跟单位请假带着鹏鹏去了医院。到了医院之后，医生给鹏鹏进行了细致的检查，却发现鹏鹏的身体一切正常，没有任何异样。妈妈只好带着鹏鹏回家，原本妈妈想把鹏鹏送到学校参加下午的学习，但是鹏鹏却说自己的肚子还是有些疼，于是妈妈只好作罢。整个下午，鹏鹏在家都很正常，还写了一些作业呢！看着鹏鹏写的作业，再对照老师在朋友圈里发布的作业，妈妈恍然大悟：原来，鹏鹏是因为作业没写完不敢去学校，所以才假装肚子疼的。妈妈不动声色，决定继续观察鹏鹏。后来，鹏鹏又有几次因为不敢去学校而装病的情况，妈妈虽然忍无可忍，但也不想揭穿鹏鹏，所以只好告诉鹏鹏："鹏鹏，我看你最近经常身体不舒服，如果你再有不舒服的地方，就去医院输液吧，妈妈觉得你需要输

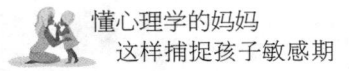

液才能战胜病毒和细菌。"听说再去医院就要扎针了，鹏鹏就再也没有因为身体不舒服而留在家里过。

妈妈暗自好笑，对鹏鹏说："鹏鹏，每个人都要承担责任，即使生病了也得坚持上学。就像妈妈前几天虽然感冒了，但还是坚持去单位上班，就连输液也只能利用休息时间，你觉得这是为什么呢？"鹏鹏摇摇头，看着妈妈，妈妈继续说："因为妈妈知道自己身上肩负着沉甸甸的责任，我需要挣钱养你，要和爸爸一起支撑起这个家。所以妈妈希望鹏鹏也能非常勇敢，肩负起自己该肩负的责任，好不好？"鹏鹏意识到妈妈的确很辛苦，当即表态："放心吧，妈妈，我以后会很勇敢的！"此后的日子里，妈妈经常向鹏鹏灌输负责任的思想，提高鹏鹏的责任意识，就这样，鹏鹏变得越来越勇敢，也更加充满自信。

很多孩子有恐惧学校的心理，如何帮助孩子消除对学校的恐惧是每一个父母都要思考的问题。对于孩子而言，如果不能对学习充满兴趣，他们学习的效果就会很差，也根本无法在学习中有出色的表现。所以，要想消除孩子对学习的恐惧和对学校的排斥，父母就要帮助孩子树立自信心和责任心，只有这样才能帮助孩子消除恐惧，让他们扬起信心的风帆。

一个面对责任只知道逃避的孩子根本无法肩负起属于自己的责任。当习惯了在责任面前"逃跑"，他们还会变得更胆小怯懦，并且遇到事情会游移不定。对于孩子而言，这无疑是很糟糕的事情，并且对他们的成长和人生都会起到极大的负面作用。人生在世，有谁不需要承担责任呢？在这个世界上，每个人都需要承担责任，每个人都会在人生的道路上遭遇坎坷磨难。唯有砥砺前行的人生强者，才能最大限度地激发出自身的力量，也才能给予自己更加光明的未来。

很多妈妈为了让孩子拥有自信，会想出各种方法激励孩子，孩子的勇敢并非与生俱来，培养孩子自信心的方式有很多，其中，培养孩子的责任心既能够有效地消除孩子内心的恐惧，也能让孩子变得勇敢坚定，勇往直前。例如，很多孩子害怕去学校，这是为什么呢？因为孩子不喜欢受到约束，也害怕在学校的考试中不能取得好成绩，所以内心总是惶恐不安。在这种情况下，如果父母强迫孩子去学校，孩子就会陷入焦虑的情绪中无法自拔，长此以往，必然不利于孩子的成长。情绪上的紧张也会导致孩子出现身体上的不适，如心跳加快、头痛欲裂、尿急尿频等。其实，这都是情绪给孩子身体带来的应激反应，妈妈不要觉得孩子是生病了，也不要让孩子误以为自己生病了，否则这会让孩子更加缺乏自信，并陷入糟糕的状态之中。心理暗示对人的影响是很大的，妈妈要给孩子积极的心理暗示，并且不断地鼓励孩子成长，这样才能帮助孩子形成良好的心态。

很多妈妈误以为责任会让孩子变得更畏缩，但实际上，这样的想法是错误的。当孩子肩负起责任，他们非但不会畏缩，反而会更加勇敢，这是因为他们知道了自己的使命，就能够激发出内心的力量，坚定不移地勇往直前。当孩子真正承担起自己的责任，他们会在负起责任之后充满信心，更加勇敢。

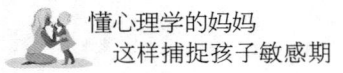

孩子在敏感期表现出的天赋，妈妈要用心保护

从小，丹丹就特别喜欢跳舞，妈妈为了支持丹丹，给丹丹报名了兴趣班。然而，在经过一段时间的学习之后，丹丹觉得很苦恼，尤其是开始进行密集的舞蹈训练时，丹丹简直要崩溃了。为了拉开韧带，她疼得呜呜直哭，为了练习一个舞蹈动作，她要在地上翻来覆去地打滚。渐渐地，丹丹对舞蹈的兴趣越来越弱，以前她都是高高兴兴地去参加舞蹈课，但是现在，她总是愁眉苦脸不愿意参加舞蹈课，有的时候，她还因为上课太累而哭起来呢！

对于丹丹的表现，妈妈很生气，常常斥责丹丹："是因为你喜欢舞蹈，妈妈才花那么多钱给你报兴趣班的呀。如果你不想学了，妈妈花的钱不都浪费了吗？"为此，妈妈总是强迫丹丹继续学习舞蹈，渐渐地，丹丹开始反抗妈妈的安排，并且她学习的效果也非常差。在这种情况下，舞蹈老师建议妈妈："丹丹妈妈，与其逼着孩子学习，不如让孩子休息一段时间，让她恢复对舞蹈的热爱。我可以帮您把课程延时，毕竟这样一味强迫孩子学习是不好的。"妈妈想了想，觉得老师的话很有道理。为此，妈妈先和老师商量，把丹丹的课程停三个月。在这三个月里，丹丹没有学习舞蹈的压力，她渐渐地又恢复了对舞蹈的兴趣。接下来上课的时候，老师再也不强迫丹丹勤学苦练，而是先培养丹丹对舞蹈的兴趣与热爱，这样一来，丹丹对舞蹈的学习就没有那么排斥了。

在这个事例中，妈妈一味强迫丹丹继续学习舞蹈，所以对丹丹而言，舞蹈就不再是兴趣爱好，而是成为一种沉重的负担。幸亏妈妈听从了舞蹈老师的建议，及时让丹丹停下舞蹈课，休息一段时间，让她重新恢复兴趣和精力。这就是保护孩子天赋的过程，妈妈对孩子的天赋既不要视若无睹，也不要过度发掘，唯有如此，孩子的天赋才能得到发展，孩子也才能获得成长。

每个孩子都是独一无二的生命个体，为了给予孩子更好的生命体验，在孩子成长的时候，妈妈就要留心孩子的天赋。发现孩子在某些方面有特殊的能力，或者对某些事物表现出独特的兴趣之后，妈妈要用心地保护孩子的天赋，既不要视若无睹，也不要过度开发。前者会忽略和错过孩子的天赋，后者会导致孩子对自己擅长的事情失去兴趣，由此一来，孩子也就失去了最好的老师——兴趣。养育孩子绝非简单容易的事情，在这个过程中，粗暴的方式是不能解决问题的。每一对父母在与孩子惊喜见面的那一刻，就注定要开始漫长的学习过程。不但新手父母需要学习，就算是经验丰富的父母，在面对一个崭新的生命时，也无法把此前在其他孩子身上积累的经验照搬到这个孩子身上，因为每个孩子都是独一无二的生命个体，他们有自身的特点，他们之间没有任何比较的必要。自然，教养方法也要因孩子而异，妈妈不能为了省事就照搬教养经验。

孩子的天赋迥异，是孩子与生俱来的能力，它往往会让孩子在某一方面有突出的表现，让他们异于常人。孩子小小年纪就会表现出不同的兴趣爱好，如有的孩子喜欢唱歌，有的孩子喜欢跳舞，有的孩子喜欢画画，有的孩子喜欢运动。随着不断地成长，在后天的发展中，有的孩子开发了自己的天赋，让他们在某些方面有杰出的表现；而有的孩子则错失了天赋，这是因为他们的天赋没有在恰当的时机被挖掘出来。因此，妈妈要在孩子还不懂得何为天赋的年纪，认真用心地观察孩子，给予孩子更好的发展机会，只有

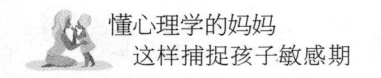

这样才能最大限度地挖掘孩子的天赋，成就孩子，也让孩子得到长远的发展。

对于孩子的天赋，妈妈一定要用心保护，一是因为刚开始的时候孩子只拥有天赋的萌芽，如果妈妈用力过度，很可能会伤害孩子的天赋萌芽；二是因为孩子的内心比较脆弱，他们的承受能力也有限，所以如果妈妈过度地挖掘他们的潜力，就会导致他们不堪重负，即使原本对于自己所擅长的事情有浓厚的兴趣，也在重压之下放弃对它的努力。如此一来，孩子必然会陷入被动的状态，根本无法继续发展天赋。所以，妈妈在保护孩子的天赋时，一定要把握好力度，只有这样才能恰当地发展孩子的天赋，也给予孩子最好的引导和启发。

妈妈要对孩子言传身教

有一天晚上吃完晚饭，爸爸妈妈都坐在电视机前看电视，而甜甜正在用妈妈的手机看视频。眼看着时间已经到了晚上九点半，妈妈催促甜甜去洗漱，甜甜却置若罔闻，纹丝不动，继续瞪大眼睛盯着手中的手机，目不转睛地看着。对于甜甜的表现，妈妈根本按捺不住自己的焦急，她失去耐心地吼道："甜甜，明天还要上学呢，赶紧洗漱睡觉，不然明天早晨起床会很困难。"在妈妈的不停催促之下，甜甜终于抬起头，对着妈妈不以为意地说："着什么急呀，你和爸爸不也正在看电视吗！"

听到甜甜的话，妈妈恍然大悟："原来甜甜之所以总是拖拖拉拉不愿意洗漱，是因为看到爸爸妈妈还在看电视呀！"想到这里，妈妈马上喊爸爸："好了，不要再看了，洗漱吧，全家一起洗漱，然后一起睡觉。"爸爸原本还有些不乐意呢，嘀咕道："时间还早着呢！"当然，他不敢让甜甜听到这句话，因此只是小声嘀咕而已。妈妈瞪着眼睛对爸爸说："快点儿，和甜甜一起洗漱去。再晚，她明天早上又该起床困难了。"爸爸也意识到妈妈的用意，赶紧积极地响应："好的好的，洗漱去喽。"说着，爸爸先关掉了电视，然后收回甜甜手中的手机，果然，甜甜这下子不吭声了，很顺从地就把手机交给了爸爸。

在家庭教育中，妈妈如果想管教孩子，就要先以身作则，为孩子树立榜样。唯有如此,妈妈在教育孩子的时候才会不只有威严,也有力度。就像事例中的爸爸妈妈,如果他们只要求甜甜马上洗漱睡觉,而自己却坐在客厅里看电视,别说是孩子,就算是成人面对这样的差别对待也会有很大的意见。所以妈妈听到甜甜的反驳之后马上意识到问题所在,当即要求爸爸关掉电视,全家人一起去洗漱,这样一来,甜甜看到爸爸妈妈也要早睡早起,自然就不会再有异议。

孩子是需要榜样的。他们从一出生就依靠妈妈的照顾而生存,随着渐渐地成长,孩子的自我意识越来越强,他们变得很喜欢模仿。对于孩子而言,他们在日常生活中一直与妈妈朝夕相处,因而他们的第一个模仿对象就是妈妈。他们往往会在不知不觉中模仿妈妈的言行举止,同时也模仿妈妈的为人处世。因此,妈妈如果觉得孩子的表现不够好,先不要急于斥责孩子,而应该首先反思自己,看一看自己是否在相关的方面也做得不够好,只有这样,妈妈才能有的放矢地进行改进,从而为孩子树立更好的榜样。

不能以身作则的妈妈在管教孩子的时候总是心虚的,而且孩子也会因为妈妈的言行举止不符合规矩而降低妈妈在心中的地位。尽管如今社会提倡快乐教育,要求妈妈与孩子像朋友一样相处,但实际上,妈妈在孩子面前依然要有威严,这样才能最大限度地发挥家长的影响力,从而促使孩子更加健康快乐地成长。如果妈妈坚持以身作则,努力成为孩子的偶像,那么这样的家庭教育一定会是非常成功的。当然,和谐的亲子关系并非与生俱来,也不是一蹴而就的。妈妈必须更加用心地对待孩子,同时也要站在孩子的角度上考虑问题,设身处地为孩子着想,这样才能经营好亲子关系。举个简单的例子,如果妈妈要求孩子阅读,那么妈妈就要在家庭生活中专门开启亲子阅读的时光,与孩子一起阅读,陪伴孩子阅读。只有在良好的氛围中,孩子才能静下心来阅读,否则如果妈妈正在兴致勃勃地看电视，却要求孩子静下心来读书，即使孩子在书房，妈妈在客厅，只怕孩子也会惦记着电视的内容，同时也因为心中感到愤愤不平，而无法静心读书。再如，如果你要求孩子运动，那么你最好带着孩子一起运动，这样一则陪伴了孩子，二则也能够让孩子以你为榜样。正是因为孩子喜欢模仿，所以妈妈更要以身作则。

  细心的妈妈会发现，在很多家庭里如果原本家长就不严格要求自己，那么孩子一般也无法有良好的表现。相反，如果妈妈能够积极向上，不断地努力，那么孩子就能够从妈妈身上汲取积极的力量，从而督促自己也不断地成长，向着妈妈靠拢。总而言之，在早期教育中，妈妈一定要以身作则，在对孩子提出任何要求之前，自己要先做到，这样才能底气十足地要求孩子也做到。常言道，身教的作用大于言传，所以妈妈必须注重对孩子的身教，从而让教育孩子事半功倍。

第 03 章
孩子的心灵很脆弱,敏感期要多加呵护

在每个家庭中,孩子都是家中的宝贝,父母对新生命的到来会感觉特别开心,同时对于孩子的成长,他们也会给予充分的关注和重视。然而,并非满足了孩子吃喝拉撒的需求,他们就能健康地成长,妈妈除了要关注孩子的生理需求,更要关注孩子的心灵健康。唯有如此,孩子才能身心健康地成长,也才能收获生命的快乐与喜悦。

学龄前期的家庭教育要注意什么

孩子三岁之后就要进入幼儿园开始学习。从进入幼儿园到正式成为一年级的小学生之前,孩子们处于学龄前期。学龄前期的大多数孩子在幼儿园里接受简单的学习并养成良好的生活习惯,在真正地成为一年级的"小豆包"之前,他们要进行各个方面的准备和铺垫工作。在此期间,孩子们不但在学识上有所进步,而且自身也在不断地成长。随着独立意识的增强,他们越来越追求自我,而且他们开始积极主动地参与社会实践活动,在进行各种活动的过程中不断地发展自身各个方面的能力。细心的妈妈会发现,如果让孩子做一些力所能及的小事,他们往往会非常高兴。例如,吃饭之前让孩子帮忙摆放碗筷,吃饭的过程中让孩子帮忙拿餐巾纸等,这些小事孩子们乐此不疲。在这个阶段,对于自己能干的事情,孩子也不再愿意接受他人的帮助,如他们希望自己可以独立吃饭、穿衣服、收拾玩具、上厕所等。

在家里,父母和长辈都很疼爱孩子,所以尽管孩子有独立自主的愿望,也往往因为家人无微不至的宠爱而没有机会锻炼自己。在这种情况下,很多妈妈发现孩子进入幼儿园之后进步非常大,变得独立自主,也更懂事了。实际上,孩子不是因为进入幼儿园才得以成长,而是因为他们在幼儿园里有更多的机会锻炼自己,所以才能进步神速。

除了家人的疼爱会成为孩子发展独立能力的阻碍,孩子自身身心发展的不平衡也会导致他们在独立过程中受到阻力。例如，虽然孩子的内心很渴望独立，但是他们的能力不足，这个矛盾的存在让他们觉得很困惑。在这种情况下，妈妈可以带领孩子多做游戏，让孩子在玩耍中学习，同时他们也能不断地提升自己相关方面的能力。很多孩子热衷于玩过家家的游戏，其实这就是他们渴望进入成人的生活、想要最大限度地提升自身能力的表现。

随着不断地成长，不仅孩子在各个方面的能力得到发展，他们的逻辑思维能力也得到提升。但是，孩子的心理稳定性比较差，他们还无法成功有效地管理自己的情绪，也无法让自己的能力水平稳定下来。因而当孩子情绪冲动的时候，妈妈要充当安抚孩子的重要角色，采取合适的方式帮助孩子稳定情绪，这对于孩子的成长大有裨益。

如今，很多家庭只有一个孩子，为此妈妈不由自主地就把孩子当成了心肝宝贝，她们会竭尽所能地去爱护孩子。然而，妈妈的过度疼爱很容易变成对孩子的溺爱，这会给孩子的成长带来困扰，所以明智的妈妈不会无限度地爱孩子，而是选择在保证孩子安全的情况下，给予孩子更多的机会去锻炼和提升自己。此外，还有很多父母本身的关系不好，感情不深厚，因此家庭氛围也不融洽。妈妈一定要知道，和谐融洽的家庭环境对于孩子的成长非常重要。孩子把父母当成自己唯一的依靠，把家庭当成自己仅有的遮风避雨的地方，如果家都不安稳了，孩子还如何能有安全感呢？

此外，当亲子之间发生各种问题和矛盾的时候，妈妈一定要注意自己的态度。有的妈妈对孩子常常打骂，或者有的妈妈对孩子实行冷暴力。新时代的教育理念提倡赏识教育，不主张对孩子施加暴力，更不主张过度惩罚和恐吓孩子，因为这样的教养方式对于孩子的成长是绝对没有好处的。父母成为孩子心中的噩梦，孩子就会在极度缺乏安全感的环境之中长大。因而妈妈要对得起孩子的信任和依赖，尽力地给孩子提供安全的成长环境，让孩子在爱与自由的环境中成长。当发现孩子因为好奇而表现出强烈的求知欲和探索欲时，妈妈要激励孩子，保护孩子勤奋求学的愿望，这样才能让孩子更加积极主动地成长。总而言之，对于学龄前期的孩子，妈妈一定要给他们安全感。当发现孩子因为极度缺乏安全感而性格发展畸形，或者成长遇到难以克服的阻力时，妈妈还可以借助专业人士的力量给予孩子切实有效的帮助。孩子的成长比任何事情都更重要，妈妈每时每刻都要把孩子的成长放在第一位，只有这样，妈妈才能助力孩子的成长，也在童年时代给予孩子不可替代的爱与陪伴。

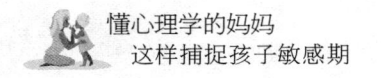

强硬的妈妈会成为孩子的坏榜样

一些妈妈都无法判断自己在孩子生命中的位置，更无法调整好心态。她们始终觉得是自己给予了孩子生命、养育了孩子，所以理所当然地觉得孩子什么都应该听她们的。殊不知，孩子尽管因着父母来到这个世界上，但是并不是父母的私有品和附属品，妈妈有义务抚养孩子长大，却没有权利左右和控制孩子的人生。每个孩子都是这个世界上独特的生命个体，每个孩子都要肩负起实现自己的理想和梦想的重任。也许新生儿刚呱呱坠地只能在妈妈的照顾下生存，但是随着不断地成长，他们的自我意识越来越强，独立意识也越来越强，所以他们会渐渐地摆脱对妈妈的依赖，更加努力地奔向属于自己的人生。因而妈妈一定要摆正心态，不要觉得孩子是自己的附属品或者私有物，要尊重和理解孩子，尽量给予孩子平等的对待。否则，当孩子渐渐地成长，如果妈妈依然对孩子"不依不饶"，强调孩子不管有什么事情都要听从妈妈的建议，甚至是强硬地命令孩子，那么渐渐地，孩子只会越来越疏远你，甚至故意与你对着干。

要想改变对孩子独断专行的作风，妈妈首先要端正态度，平等地对待孩子，发自内心地尊重孩子，同时也给予孩子更大的成长空间。实际上，从另一个角度来看，妈妈的独断专行还会给孩子树立不好的榜样。众所周知，孩子的模仿能力是很强的，特别是在敏感期，很多孩子都会自发地模仿妈妈，因为妈妈不仅是他们一出生就依赖的人，也是他们最亲近的人，因此，有人说父母是孩子的第一任老师。在这种情况下，可想而知妈妈的强硬会对孩子造成多么负面的影响。不得不说，妈妈的一言一行都会影响孩子，既然如此，妈妈更要在孩子面前谨言慎行。很多年轻的妈妈在没有孩子时，生活得随意又随性，根本不愿意委屈自己分毫。但是，在有了孩子之后，需要马上调整生活的节奏，努力改变自己的言行，从而给孩子树立积极正面的榜样，对孩子起到正向的影响。

很多妈妈会说自己是真心为孩子好的，这恰恰是很多妈妈和孩子共同的苦恼。对于孩子，被妈妈强迫无疑会让他们感到不愉悦。有些妈妈总是把自己的很多思想和观念强加给孩子，这不仅会遭到孩子的反抗，也会导致亲子关系变得很糟糕。最可怕的是，还有很多妈妈会把自己没有完成的梦想强加给孩子，坚持要让孩子努力实现她们的梦想。不得不说，这对孩子而言是非常糟糕的成长体验，也是生命不能承受之重。这些妈妈从未考虑过孩子的感受，也从不询问孩子他们真正想要的人生是什么样子的。她们只会一味强迫孩子，并且理所当然地觉得孩子应该成为她们的继承者，而没有意识到，孩子是独立的生命个体，他们有自己的思想，也有自己的人生目标要去实现。

当妈妈始终对孩子独断专行时，长期生活在压力之下的孩子心理会变得压抑，性格也会改变。他们会走向两个极端：一个极端的孩子会变得非常依赖妈妈，他们从来不能独立自主地面对这个世界，而且只能凡事都接受妈妈的指导和安排；另一个极端的孩子则会产生抵触心理，他们对于妈妈总是反抗，故意与妈妈对着干，妈妈要往东，他们偏偏要往西，妈妈让他们做这个，他们偏偏要干那个。在这种情况下，孩子的整个成长过程都会变得叛逆，在不断与妈妈对抗的过程中，他们不但不接受妈妈的引导，反而越来越疏远妈妈。毫无疑

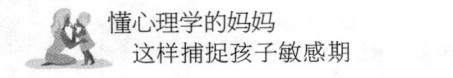

问，这对于孩子的成长是极其不利的，而且会让孩子迷失成长的方向。

要想给予孩子最好的教育，引导孩子更努力地成长，最好的办法就是耐心地陪伴孩子，给予孩子积极的引导，让孩子从家庭教育中汲取正向的力量，同时也要让孩子以妈妈为榜样，得到更好的成长和发展。

第03章
孩子的心灵很脆弱，敏感期要多加呵护

孩子的智力不宜过早开发

现在的家庭都很注重对孩子的培养，为此，他们不仅为这个孩子倾注了所有的心血，也付出了几乎全部的时间和精力。原来忙于事业的妈妈在有了孩子之后，更是一心扑在孩子身上，她们会调整生活的重心，更多地把时间和精力放在孩子身上。她们迫不及待地为孩子选择各种早教班，以帮助孩子开发智力，给予孩子更好的引导和指导。

然而，人生真的有起跑线吗？为何妈妈们总是担心孩子会输在起跑线上，并且还因为过分紧张而出现"教育焦虑症"呢？实际上，退一步而言，就算人生真的有起跑线，那也是马拉松长跑，而非百米短跑的起跑线，长跑需要的是耐力和毅力，而并非短暂的爆发力和冲刺的能力。既然如此，妈妈就没有必要为了让孩子在起跑线上领先短短几步，就对孩子揠苗助长，导致孩子在成长过程中非常被动。我们唯有尊重孩子的天性，也尊重孩子成长的规律和内心的节奏，才能给予孩子适度的引导和最佳的陪伴，也才能对孩子的成长起到积极的助力作用。

教育专家和心理学家经过研究证实，父母过早地对孩子展开教育，尤其是一些妈妈很早就教孩子读书识字、做算术等，这样孩子们非但不能卓有成效地学习，反而会因为父母不恰当的教育方式而受到伤害，同时自己未来的成长和发展也会受到影响。虽然孩子还小，但是他们正在经历人生中重要的时期。在婴幼儿时期，孩子正在逐渐地形成各个方面的能力，并且他们开始有了自己的情绪。在这种情况下，妈妈要做的就是引导孩子快乐地感受生活，让孩子听听鸟语花香，接近大自然，这对于孩子的成长有很多好处。填鸭式的教育虽然能教会孩子知识，但也会让孩子稚嫩的心灵不堪重负。如果在孩子的身心发展还不够完善的时候，他们就要背负着沉重的学习压力和生活重担，这非但不利于他们的身心发展，而且会导致他们陷入各种负面情绪之中无法自拔，同时还会让他们在面对自身的兴趣爱好时完全提不起兴致来。因此，妈妈一定要尊重孩子的成长规律和内心节奏，不要一味逼迫孩子陷入学习的怪圈。如果不尊重孩子的自然成长规律，而非要控制孩子的成长节奏，这不仅会给孩子带来压力，还会让孩子小小年纪就出现很多心理问题。

从孩子身心发展的角度而言，孩子在三岁之前应该是处于完全释放天性，感受世界的时期，而在孩子五岁之前，他们也无须提前过度读书识字。孩子的成长就像一条已经设定好河道的水流，孩子在相应的地点就会做出相应的行为，根本无须妈妈揠苗助长。当然，这里所说的只是普通的规律，但即使是对某些有特殊天赋的孩子，妈妈也无须多加干涉。有的孩子记忆力很好，他们不知不觉中就记得了古诗词，也认识了一些字。甚至还有的孩子五岁就可以独立阅读。只要不是妈妈刻意去达到这样的目的，而是孩子主动地早记忆、早识字，这都是没关系的。现实中的很多事例向我们验证了孩子早慧的坏处。例如，生活中有时会听说出现所谓的天才少年，他们在学习上出类拔萃。但是，这些天才虽然在智力方面有超常的表现，在心智方面却没有完全成熟。有些妈妈一看到自己的孩子独具天赋，就马上刻意地发展孩子的天赋，这是在透支孩子在某一个方面的能力。最终，孩子虽然在某一个方面出类拔萃，但是实际上他们却完全陷入了成长的困境，也可能因为心智不成熟而陷入被动。从这个角度来看，妈妈一定要尊重孩子，不要违背成长的规律去刻意地让孩子成长。不得不说，只追求速度却忽略质量，对于成长是本末倒置的，甚至还会导致成长更加不顺利。

除了极个别的天才，妈妈不要总是轻易地认定自己的孩子在某些方面有特殊的才能。要允许孩子按部就班地成长，这是妈妈的智慧，也是对孩子的成长负责任。尤其是很多过早的教育还会导致孩子们有自闭的倾向，不得不说，这对于孩子的成长是莫大的伤害。妈妈一定要小心翼翼地对待孩子的成长，这样才能最大限度地保护孩子的身心健康，也为孩子的成长保驾护航。

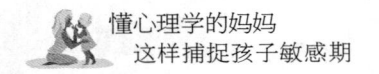

过度民主，不利于孩子的身心健康

在特特还没有出生的时候，爸爸妈妈就商量好要对特特展开民主的教育，因为爸爸小时候就曾经被爷爷的"一言堂"和"专制"伤害过，所以爸爸妈妈决定给特特一个充满民主氛围、和谐友爱的家。特特出生之后，爸爸妈妈也的确是这么做的。他们不仅彼此相敬如宾，而且随着特特的不断成长，他们也养成了凡事和特特商量的好习惯。

周末，爸爸妈妈想带着特特出去玩，他们准备趁着初春去踏青。爸爸妈妈为了尊重特特，就特意征求特特的意见。没承想，特特对于去哪里玩也没有好的想法，他既想去动物园，又想去海底世界，还想去游乐场呢！爸爸和特特商量很久，特特都没有做决定，妈妈不由得着急了，说："咱们就去游乐场吧，特特最喜欢坐摩天轮。"就这样，在妈妈的主张下，全家人奔向游乐场。到了游乐场之后，特特果然玩得很开心，他不但坐了两次摩天轮，还玩了很多次碰碰车呢！对于妈妈的决定，特特由衷地感慨："还是妈妈了解我，知道我最喜欢去游乐场玩。"

最后，全家人一整天都玩得很开心，尤其是特特。事后，爸爸问妈妈为何不征求特特的意见，妈妈说："虽然要民主，但也不能过度民主。你看看，你们再考虑、商量半天的时间，游乐场都要关门了。"爸爸觉得妈妈说得也有道理，于是说："那就等到他有主意或者特别想表达意见的时候再让他做主。"

妈妈点点头，他们一致觉得这样才是恰当的民主。

在这个事例中，如果妈妈一味征求特特的意见，这不仅会让特特很为难，也会耽误全家游玩的时间。实际上，父母固然要为孩子营造民主的氛围和友好的家庭环境，但是民主也要讲究合适的时机。如果孩子本身还很小，不能自主地做出选择，或者孩子对于如何选择总是拿不定主意，妈妈就要适度地给孩子引导，让孩子思考权衡之后做出选择，这也是可行的。有的时候，妈妈的果断还能给孩子树立榜样，从而帮助孩子养成果决的行事作风。

在传统的教育模式下，妈妈总是对孩子居高临下。她们对孩子的态度简单粗暴，也无法做到真正尊重平等地对待孩子，不在乎孩子的心里在想什么，也不知道孩子想要被怎样对待。后来，随着教育观念的不断推陈出新，妈妈的教育观念也有所改变，她们开始意识到，孩子有自己的思想意识，也有自己独立的主见和选择，在这种情况下，妈妈既不能放任孩子成长，也不能总是约束孩子，让孩子在成长过程中遭遇阻碍。唯有对孩子采取恰当的方式，妈妈才能更好地陪伴和教育孩子，也才能为孩子营造真正民主、和谐的家庭氛围。

然而，如果给孩子过度宽松和民主的环境，不仅会导致孩子在成长过程中性格骄纵，而且不利于孩子身心健康地成长，同时对于孩子的人生也会造成严重的负面影响。例如，被骄纵的孩子很容易固执己见，他们不愿意接受他人的任何意见和建议。

看到这里，也许有些妈妈会感到困惑：不是不允许对孩子搞"一言堂"吗？其实，究竟对孩子要不要搞"一言堂"要分情况。首先，孩子所处的年龄阶段不同，他们自我意识的发展程度也是不同的。对于自我意识强烈的孩子，他们不愿意被父母指挥和命令；而对于年幼的孩子而言，他们还缺乏独立自主的意识，因而需要父母的扶持和建议。其次，不要过度民主，这不仅针对父母

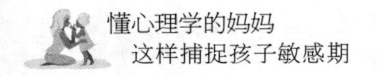

和孩子之间的关系，也针对父母彼此之间的关系。尤其是新手父母一定要注意，在孩子的教育问题上，父母一定要统一观念，不要总是处于对立状态，甚至当着孩子的面针对教育问题展开争辩或者争吵，这一定会让孩子感到非常困惑，并且让他根本不知道应该听谁的。如此一来，孩子就会变得无所适从。父母都要为孩子营造良好的生活环境，让孩子在民主、和谐的氛围中成长，这样孩子的身心才能健康，生活才能充实愉悦。

照顾孩子，妈妈要情绪稳定

才三个月大，果果就有了夜哭的坏习惯。几乎每天晚上，她都会在半夜从睡梦中惊醒，之后也总是不停地哭泣。爸爸妈妈对此无计可施，除了不停地抱着果果走来走去，他们只能看着果果不停地哭泣。这样的情况持续一段时间之后，妈妈实在放心不下，决定带着果果去医院进行全面检查，看看果果是不是有不舒服的地方。毕竟果果还这么小，她对于自己的需求也根本无法表达。

到医院检查之后，儿科专家告诉妈妈，果果一切正常，并且她没有任何地方不舒服。专家提醒妈妈："白天的时候你带孩子和以往有什么不同吗？"妈妈想了想，先是摇头，后来突然想起来什么，对专家说："她出生三个月之后，我就开始培养她定时吃奶的习惯。"专家问："那么在此之前呢？"妈妈回答："在此之前都是按需喂养，她饿了就喂。不过我马上要上班了，以后将会由老人负责带她。我担心老人喂奶粉把握不好时间，就想让她养成定时吃奶的好习惯。"儿科专家恍然大悟："难怪，是因为饮食习惯的突然改变导致孩子缺乏安全感，也导致她睡着之后惊醒啼哭。想给孩子养成定时吃奶的习惯固然没错，但是时机错了。此前你一直是母乳喂养，孩子饿了随时吃，因而她已经养成了饿了就要吃的习惯，并且她也能够从吃奶的行为中得到安全感。现在，你不但不能满足孩子进食的需求，还让孩子没了获取安全感的渠道，所以孩子才会很不适应。"听了专家的话，妈妈觉得很为难，问专家："那么，我

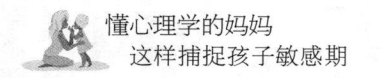

到底要怎么做呢？"专家说："你恢复以往的喂奶习惯吧，否则一旦孩子缺乏安全感，就会有很多问题随之产生。孩子只有拥有良好的情绪才能茁壮成长。一旦情绪出现问题，不仅会让孩子陷入焦虑和恐惧之中，还会导致很多糟糕的情况出现。"

在这个事例中，妈妈突然让才三个月大的果果改变饮食习惯，这不仅让果果在饥饿的情况下得不到饱腹，也会导致她因此陷入紧张和恐惧的情绪中。其实，不仅是孩子面对这样的情况会觉得很为难，就算是成人，如果生活习惯突然改变，或者失去原本的安全感，他们也会感到紧张焦虑，甚至严重不适应。因而作为新手父母，在抚育孩子的时候要主动学习一些新的知识，以此来弥补自身经验的不足，但是任何新的知识都不能完全指导父母。父母一定要以孩子为本，从孩子的角度出发，才能更有的放矢地照顾孩子，也让自己的给予能符合孩子的需求。

当新生命呱呱坠地，他们就开始了快速成长的过程。在最初的两周时间里，新生儿开始出现条件反射。等到两个月之后，他们进入情绪发展阶段，在吃饱喝足、身体舒适的情况下，他们情绪愉悦，因而常常表现出开心的样子。相反，如果有某些生理需求没有得到满足或者觉得心情不好，他们就会持续哭闹。面对婴儿不间断的哭闹，父母往往会焦躁，尤其是新手父母，毕竟他们连如何找出孩子哭闹的原因都不知道。实际上，对于新生儿而言，当他们哭闹的时候，往往是觉得身体不舒适或者是饿了，又或者是撒尿了、拉臭了，因为这些会让他们感到很不舒服。哭闹实际上是新生儿的语言，他们正是在以这样的方式告诉父母，他们的身体有新的需要，他们需要父母的照顾。

对于婴幼儿，父母是最爱他们的人，也是他们出生之后唯一可以依赖的人，所以父母对于婴幼儿的意义非凡，他们是婴幼儿的天地，也为婴幼儿支撑起整片天空。然而，尽管父母全心全意地爱着孩子，也愿意为了孩子付出一切，但是在抚育孩子成长的过程中，面对还不会说话又情绪无常的婴幼儿，很多父母会急躁，甚至还会对孩子发怒。不得不说，才几个月大的孩子肯定不是故意吵闹的，但是他们却能够感受到父母的情绪。当父母对孩子阴晴不定时，孩子的情绪一定会受到影响。有的父母在有时间的情况下会逗弄孩子，还会和孩子一起玩耍，此时他们对孩子表现出很温柔的一面。但是一旦工作忙碌起来，他们也许会接连好几天都看不到孩子，也不会与孩子一起玩耍。不得不说，这样忽冷忽热的态度，对于帮助父母与孩子建立良好的关系和深厚的感情没有任何好处。很多父母误以为孩子还小，不会对他们产生过分的依赖，但实际上，即使是小小婴儿也能感知父母的情绪，也会对父母产生深深的依赖。

  这里必须指出的是，有些新手妈妈总是盲目相信各种育儿书，如对才出生没多久的孩子就坚持定时喂奶。这样一来，婴儿总是要经过很长时间的哭泣，才能得到食物和父母的照顾，他们渐渐地失去安全感，总是哭闹不止。有些婴儿喜欢哭闹正是因为他们缺乏安全感，他们潜意识里想要通过哭闹的方式引起父母的关注，即使长大成人，他们也依然会陷入这样的情绪怪圈之中，甚至总是想通过霸占父母来给自己更强烈的安全感。不得不说，襁褓时期的情绪问题甚至会影响孩子们长大成人后的各种表现，也会影响孩子的人际关系。很多成人之所以有各种各样的心理问题，是因为他们不知道如何才能获得安全感。因为出于对父母的负面记忆，他们对于人际关系心有余悸。曾经有育儿专家指出，对于小小的婴儿，父母再怎么宠爱都是不为过的。想想吧，婴儿未出生时在母亲温暖而又黑暗的子宫里生活了十个月，其间一直享受着温暖和安静的生活环境，但是出生之后，他们进入一个冷冰冰的新环境中，而且周围人声嘈杂。在这种情况下，如果让婴儿忍受饥饿、寒冷，他们必然会感到不安，也会因此产生情绪问题。

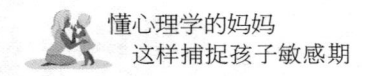

溺爱孩子其实害了孩子

从小，因为豆豆是家里唯一的孩子，所以他的爸爸妈妈、爷爷奶奶、姥姥姥爷都很宠他。在这种典型的"4+2+1"家庭中，豆豆得到了所有人的爱，也成为所有人的心尖尖和命根子。在无限的疼爱之中，豆豆变得越来越骄纵任性，不管做什么事情他都要由着自己的性子来，根本不考虑任何人的想法。

有一次，妈妈带豆豆去商场玩。走着走着，豆豆就看到了一家卖冰激凌的店，他当即要求吃冰激凌，于是妈妈给豆豆买了一个香草味冰激凌，但是才吃了两口，豆豆又看到另外一家店在卖巧克力味道的冰激凌，就又闹着让妈妈给他买巧克力味道的冰激凌。虽然妈妈表示拒绝，豆豆却不依不饶，坚持要吃巧克力味道的冰激凌。看到妈妈不同意，他还耍赖地坐到地上，恨不得在地上打滚儿呢！爸爸正准备妥协，妈妈义正词严地说："不能妥协，这个孩子就是被老人惯坏了。你这次妥协了，等到下次，他还有更多过分的要求，你又该怎么办呢？"因此，妈妈气定神闲地和豆豆说："豆豆，那你就坐在这里慢慢地哭吧，反正我和爸爸不会答应你的请求，你再怎么耍赖也没用。"说完，妈妈就拉着爸爸去不远处的休息椅上坐着了。豆豆坐在地上哭了一会儿，看到爸爸妈妈不仅无动于衷，还坐在休息椅上有说有笑，他渐渐地停止哭泣，再也不歇斯底里地喊叫了。后来，豆豆自己擦干眼泪，走到妈妈面前问："妈妈，我下次再来的时候可以吃巧克力味道的冰激凌吗？"妈妈点点头，说："可以，下次咱们来的时候就直接买这个巧克力味道的冰激凌,好不好?"豆豆这才笑起来,抱着妈妈的脖子说:"妈妈,你真是我的好妈妈。"

在这个事例中,妈妈之所以不愿意向豆豆妥协,是因为这不仅是一个巧克力味道冰激凌的问题,也是妈妈希望教育豆豆学会接受生活中的不如意,而不要总是觉得只要他开始哭闹,整个世界都会低下头向他臣服。对于豆豆而言,这是至关重要的,只有当豆豆明白不可能凡事都顺心如意的道理,他才能接受生命的无奈,也才能最大限度地整理好自己的思绪,帮助自己渡过难关,从而获得真正充实快乐的人生。

一些老人抱怨现在的孩子太不孝顺。然而,孩子绝不是生来就孝顺的,也绝不是生来就不孝顺的。每个孩子一出生都是一张白纸,是写上黑色的字迹,还是画上绚烂的色彩,会受到父母的影响。因而,当父母渐渐地变老,步入人生的暮年,他们便会需要孩子的陪伴和照顾。但与其抱怨孩子不孝顺,不如反思自己在教育孩子的过程中是否走入什么误区,才导致今天孩子的不孝顺。

有人说,孩子是父母的镜子,的确如此。在孩子身上,父母总能找到自己的一些问题,善于反省的父母还会发现孩子身上的很多缺点和不足都是自己造成的。从这个角度而言,父母与其责怪孩子,不如反思自己,毕竟如同一张白纸般降临人世的孩子是在父母的引导下才逐渐成长起来的。此时此刻,对于孩子为何会对父母冷淡的问题,我们就会隐约地找到答案。孩子之所以不那么孝顺,是因为他们从出生就开始接受父母无微不至的照顾,同时也在父母全心全意的爱与呵护下成长。而当父母的关心和爱过度,长期被溺爱的孩子意识不到要孝顺父母,更想不到父母会渐渐地老去,也会有需要他们照顾的一天。

和孩子的成长相比,是否孝顺父母显然是若干年之后的事情。实际上,父母对孩子的溺爱会对孩子造成很大的负面影响。有的孩子长期骄纵无度,变得

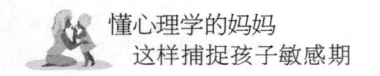

越来越任性，他们不管做什么事情都要由着自己的性子来，也常常会歇斯底里地发脾气。被溺爱的孩子不但暴躁易怒，而且在成长的过程中还会陷入各种各样的困境。正如苏联教育学家马卡连科所说的，如果父母给孩子的爱不够，孩子会感到非常痛苦；但是如果父母对孩子的爱过度泛滥，那么这些爱则会彻底毁掉孩子，甚至给孩子带来灭顶之灾。所以明智的父母从不溺爱孩子，而是对孩子关爱有度，并且始终能够平静理性地对待孩子。

至于为什么父母要给孩子适度的爱，其实还有一个原因，那就是当父母过度地溺爱孩子时，他们觉得自己把所有的时间和精力都用在孩子身上，必然也会对孩子怀有过高的期望。而如果父母适度地爱孩子，就不会在爱孩子的过程中迷失自我，这样一来，父母不会对孩子付出所有的心力，他们依然能够保持好自己的生活。这种情况下，父母才会更加理性地对待孩子，也能在孩子的成长过程中扮演引导者的角色。与此同时，父母还能给予孩子更多的关注、理解和爱，以及自由成长的空间。

第 04 章
0～2 岁敏感期：孩子开始大胆探索奇妙的世界

在敏感期，孩子总是做出奇怪的举动，这实际上是他们在以自己的方式认知世界。如果妈妈了解孩子的敏感期，就会知道孩子为何出现这样的行为。反之，如果妈妈不知道孩子正值敏感期，就会对孩子的各种举动感到莫名其妙，还会对孩子的成长充满困惑。

鼓励孩子观察世界：视觉敏感期

孩子在视觉敏感期接受光的刺激，从而让视力得到发展。在此之后，孩子会进入人生的更多发展阶段，也在生命力量不断得以激发和生命需求得到满足的过程中，渐渐地领悟到生命的美妙，同时也更加从容地感受生命的力量。曾经有医学专家在治疗一个刚出生就患有白内障的患儿时发现，哪怕这个患儿后来接受了白内障手术，他的视力也没有恢复。医学专家百思不得其解，因为他已经把孩子的白内障完全治疗好了。后来经过研究，医学专家怀疑孩子的失明是由于孩子白内障而错过了视觉敏感期。医学专家和生物学专家一起对小猫进行了实验。他们以刚刚出生的小猫和成年的小猫为实验对象，用纱布把它们的眼睛全部蒙起来。在经过一段时间之后，他们把猫眼睛上的纱布取了下来，果不其然，实验的结果证实了医学专家的推测，新生的小猫失明了，而成年的猫在取下纱布之后不久就恢复了视力。新生儿和新生小猫失明的原因完全相同，都是在出生之后的视觉敏感期内没有得到视力的及时发展。由此可见，新生儿一出生就处于视觉敏感期，在这个阶段，妈妈一定要重视发展孩子的视力，同时要让孩子的视力接受更多的刺激，只有这样，孩子的视力才能得到良性发展。

妈妈一定要抓住孩子的视觉敏感期，让孩子的视力不断发展。很多妈妈误认为孩子各方面能力的发展都是按部就班，不需要任何外部影响的。实际上，孩子很多方面能力的发展都需要刺激，妈妈唯有抓住孩子的敏感期，才能帮助孩子发展。在新生儿呱呱坠地之后，他们的身心都处于快速发展之中，尤其是大脑各项功能都在不断地形成。正如上述事例中失明的新生儿和小猫，他们之所以失明是因为没有在恰当的时候感受到光的存在，也没有在视神经与大脑之间建立密切的关联。只有让视神经与大脑之间有密切的关联，新生儿才能拥有视力，从而在视力方面有良好的发展。而不管是白内障患儿还是刚刚出生就被蒙上眼睛的小猫，他们都没有在最好的时机让视神经与脑部神经建立联系，如此一来，他们也就无法拥有视力了。

众所周知，眼睛是心灵的窗口。实际上，视力的发育不但能够让孩子看到这个美好的世界，而且对于刺激孩子的脑部发育、让孩子的智力水平不断得以提升，也有很大的好处。孩子们不仅通过眼睛看世界，也通过眼睛搜集很多重要的信息，并把这些信息储存在脑海中。研究证实，在人类获得的所有信息中，通过视觉得到的信息占据了83%。孩子对于外界信息的搜集往往是不假思索的，他们把所看到的一切都收录到脑海中，就像电影的胶片一样。当孩子更加专注地观察这个世界，他们的专注力、记忆力都会得到有效提升，这样一来，孩子的脑部发育和智力发展都能得到很大的帮助，所以妈妈一定要培养孩子的视敏度。所谓视敏度，也就是孩子通过视觉器官辨识外界物体的敏锐度，会对孩子的智力发育起到至关重要的作用，妈妈应该给予足够的重视，有意识地主动提高孩子的视敏度，这会为孩子的生活与学习都奠定良好的基础。

也许有些妈妈会感到很困惑，不知道如何做才能提高孩子的视敏度。其实，只要妈妈有心，生活中很多简单易行的方法都能帮助提高孩子的视敏度。例如，现在有色彩艳丽的婴幼儿用品，孩子平躺时，妈妈可以用床铃等玩具提升孩子的视敏度。另外，新生儿满月之后，妈妈就可以带着他们去户外晒太阳，这样孩子能看到更多的景色，同时还能感受到阳光、微风等自然界的神奇力量。此外，在为婴儿布置房间的时候，妈妈尽量不要把婴儿的房间布置成纯白的，而应该以淡淡的色彩刺激婴儿的视力发展，为婴儿视力的发展提供有利的环境，同时也能让婴儿脑部发育得更好。婴儿能够感受到阳光和色彩，这是有利于提升婴儿视敏度的。常言道，处处留心皆学问，实际上，处处留心才能更好地照顾婴儿，也能够在婴儿成长的过程中给予他们更加切实有效的帮助，让婴儿更好地成长。

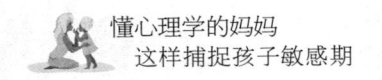

孩子最爱用嘴巴感知世界：口部敏感期

西西才刚刚满月，妈妈就发现她变成了一个"小巴儿狗"。因为西西不管是刚刚吃饱，还是肚子正饿着，他总是不停地四处寻找东西吃。有的时候，她找到衣服领口，就会把衣服领口咂吧得津津有味。妈妈觉得很好笑，甚至说西西上辈子一定是只小狗，所以才这么愿意吃衣服。又过去几个月，妈妈发现西西不但吃衣服领口，而且能够灵动地挥动胳膊，把小手放到嘴巴里不停地舔，就是不愿意拿出来。最让妈妈觉得好笑的是，随着西西不断地长大，她的腿部动作更灵活，腿部力量也不断增强，她居然把脚丫也抱在怀里，甚至还塞到嘴巴里啃起来了。看到西西这么热衷于用自己的嘴巴认识世界，妈妈觉得很神奇。

孩子为何这么喜欢用嘴巴来感受这个世界呢？其实，孩子刚刚出生的时候，很多感觉器官并不敏锐。对他们而言，嘴巴、眼睛、耳朵等器官就是他们接触外界的工具。虽然很多宝宝刚刚出生就能模糊地看到东西，有了一定的视力，但是这个阶段他们的视力还很差，根本无法支撑孩子看清楚外部的世界。和视线模糊的眼睛相比，宝宝的嘴巴的感觉也更加敏锐。很多细心的妈妈都还记得，宝宝在出生没多久被妈妈抱在怀里时，他们的头会急促地在妈妈的怀抱里拱来拱去，他们这是在迫切地寻找"奶瓶"呢。等找到妈妈的乳头之后，宝宝马上就会张大嘴巴贪婪地把乳头含在嘴里，开始迫不及待地吮吸。这意味着每个宝宝从出生开始就本能地会使用嘴巴，从宝宝成长的角度来看，他们正是通过嘴巴来与这个世界建立联系的，也是以嘴巴与这个世界进行深入交流的。

婴儿出生不久，他们只会用嘴巴来感受周围的世界，但是随着不断地成长，他们活动的范围在扩大，生命的内容也更充实，妈妈会发现孩子开始用手来认识身边的一切。他们通过嘴巴与外部世界建立联系的过程其实很简单，那就是把拿到手里的一切都不加选择地塞入自己的嘴巴里，品尝那个东西的味道，感受那个东西的质地，同时也以嘴巴来感知那个东西的形状、温度等各种复杂的信息。我们不是婴儿，尽管我们能够细心地捕捉孩子用嘴巴认知世界的各种细节，但是无法真正像婴儿那样用嘴巴去感知整个世界。

很多新手妈妈在发现宝宝总是喜欢用嘴巴啃一切东西的时候，会误以为是宝宝肚子饿了。实际上，宝宝不是肚子饿了，而是在以这样的方式感知世界。宝宝用嘴巴打开世界的大门之后，他们就会用嘴巴来建立自己与外部世界的联系。对于每个幼儿来说，这都是必须经历的阶段和生命历程。正是在生命原始力量的驱使下，宝宝才与生命有了更加神奇的际遇。

出生之后三个月，宝宝口部的敏感期表现得最为明显。这是因为在经过三个月的成长之后，宝宝的手部肌肉发育得更好，他们的胳膊也更加灵活，能把东西准确地送到嘴巴里。这其实是宝宝在建立口的功能，在能够熟练使用嘴巴之后，他们能更好地发挥嘴巴的作用，并通过嘴巴来认知世界。随着不断地成长，宝宝手的敏感期也如期到来，更加推动和促进了口部敏感期向前发展。当然，当手足够灵活、宝宝也能够独立自主地行动时，他们就会以手代替口，通过手的触摸来了解这个世界。

每个宝宝在成长部过程中都会经历口部敏感期。如果错过或者忽略了这个阶段，孩子们在未来的成长道路上就会出现各种问题。尤其是那些没有在口部敏感期得到满足的宝宝，更会发生很多问题。例如，他们会喜欢咬人，会把地上的东西捡起来放到嘴巴里，还会拥有更强的口腹之欲。这都是因为他们在口部敏感期里，口的需求没有得到满足。很多妈妈误以为口就是用来进食的，实际上，口是每个人与外界交流的第一个途径和媒介，也能够让身体各个部位的能量都得以激活。在口部敏感期里，孩子越多地用口来了解和探索世界，未来的成长也就会越顺利。当妈妈发现孩子乐此不疲地使用口来探索世界、接触世界时，不要觉得纳闷，也不要觉得苦恼，只要不影响孩子的正常身心发展，就任由孩子去发挥口的强大功能吧。

还有的孩子进入口部敏感期后会变得很爱咬人。很多妈妈在孩子大概半岁的时候，对喂奶这件原本能够促进母子感情的事情心有抵触，这都是孩子导致的。原来，孩子在半岁左右的时候为了探索外部世界、了解物品质地会选择用口用力咬的方式。所以妈妈们在喂奶的时候总是猝不及防地被孩子咬到，因而疼得哇哇大叫。孩子可不知道妈妈在生气，相反，看着恼火的妈妈，听着妈妈的喊叫，他们甚至会觉得有趣呢！很多妈妈误以为孩子是因为长牙，导致牙床痒所以才会咬人。其实不然，孩子是因为进入了口部敏感期，开始尝试着用口来探索和了解世界，所以才会咬人、咬东西的。在这个阶段，为了缓解孩子出牙期的不适，也为了满足孩子用口探索世界的需求，妈妈可以为他们准备硅胶材质的磨牙器，来满足孩子对口的使用欲望。

孩子的听力发展决定智力发展：听觉敏感期

和视力一样，新生儿一出生，听力就开始发展。为了探究新生儿听力发展的程度，曾经有科学家专门对新生儿进行实验，在新生儿的左右耳朵边分别发出不同的声音，建立不同的条件反射，最后证明新生儿能够听到声音。实际上，不但新生儿能够听到声音，就连母体中的胎儿在到达一定的月龄之后也能够听到声音。所以，如今很多准妈妈会对大月龄的胎儿进行胎教，尽管效果还没有得到验证，但是胎儿能听到声音是毋庸置疑的。很多细心的妈妈会发现，当新生儿哭闹不止的时候，如果妈妈把他们抱起来，贴近胸口，听到妈妈心跳声的新生儿很快就会安静下来。这是因为胎儿在妈妈的子宫里时就已经习惯听妈妈的心跳声，所以他们对于妈妈的心跳声非常熟悉。此外，妈妈肚子的肠鸣音也是他们所熟悉的。正是妈妈发出的这些声音构成了他们的生存环境，从而让他们能安心地成长。

出生后，胎儿离开了妈妈温暖的子宫，也离开了他们赖以生存的熟悉环境，听不到那些伴随着他们在子宫中成长的熟悉声音。由于进入陌生环境而缺乏安全感，婴儿难免会感到紧张不安。很多婴儿的哭闹并不是毫无缘由的，实际上这正是他们离开熟悉的环境、进入陌生的环境时感到焦虑的表现。妈妈一定要更加理性地认识孩子的表现，要在婴儿莫名哭闹的时候第一时间把他抱在怀中，让婴儿能再次感受到他熟悉的声音环境。如此一来，孩子的情绪就能渐

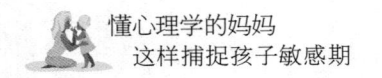

渐稳定下来，他也能够不再哭泣。

在各种能力之中，婴儿的听力发展被很多妈妈忽视，这是因为婴儿的听力发展表现得没有那么明显，当新手妈妈还在忙着满足孩子吃喝拉撒的需求时，孩子的听力发展往往已经进行很长一段时间了。然而，尽管听力发展容易被忽视，但并不意味着听力发展是无关紧要的。通常情况下，孩子的听力发展往往关系到孩子的语言发展，如果孩子的听力发展得不好，那么他们语言表达能力的发展也会相对滞后。举个极端的例子，我们就能很容易看出孩子的听力发展与语言能力发展之间的关系了。当把一个健康的孩子放置于无声的环境，他们的语言能力发展就会停滞，这也就意味着孩子可能学不会说话。由此可见，如果说听的过程是不断接收信息的过程，那么说的过程则是孩子表达信息的过程。如果没有积累，孩子又如何能有表达的素材呢？而且如果不能够听到语言，孩子的语言能力发展就会受到限制。

从接收信息的角度来看，如果说孩子接收的大部分信息来自视力，那么孩子接收的其他信息则来自听力。由此可见，视力和听力基本构成了孩子的信息来源渠道，同时也是孩子认知整个世界的主要方式。为了刺激孩子的听力发展，妈妈应该认识到听力发展的重要性，也要想方设法地给予孩子积极的刺激。大多数孩子都喜欢听悦耳动听的声音，那么妈妈可以给孩子播放简单悦耳的摇篮曲、轻音乐等，也可以在抱着孩子的时候轻轻地哼歌，这些都有助于安抚孩子的焦虑情绪，让他们恢复平静。一些音乐盒、摇铃等玩具，它们不但色彩艳丽，还带有悦耳的音乐，这些都能够有效地刺激孩子的听力。需要注意的是，新生儿的听力还比较弱，耳朵很脆弱，妈妈要给他们听轻柔的音乐，而不要给他们播放过于剧烈和音量太大的音乐，否则就会让新生儿陷入惊恐的状态。除此之外，父母还要轮番播放不同的音乐，因为孩子注意力的集中时间是有限的，如果总是听同样的音乐，他们难免会感到厌倦，这对于孩子的听力发展也是没有好处的。

其实，对孩子展开听力刺激未必要用多么高级的儿童用具，对于孩子而言，这个世界上最美妙的声音就是妈妈的声音。因而在抚养孩子的过程中，尤其是对于婴儿，妈妈一定要给予更多的关注，同时也要多和婴儿沟通。很多新手妈妈在带孩子的过程中总会陷入一个误区，即孩子还小并且不会说话，所以无须与孩子过多地交流。实际上，哪怕是婴儿也喜欢听到妈妈说话，而随着婴儿的渐渐长大，婴儿变成了幼儿，妈妈更要以幼儿容易听懂的语言与幼儿进行交流。这样一来，孩子的听力会因受到良性的刺激而得以发展，同时他们与妈妈之间的感情也会变得更加深厚，可谓一举两得。

妈妈们一定要记住，孩子能够感受到你的柔情。你以温柔和爱给孩子最好的呵护、与孩子进行认真细致的交流，孩子们一定会回馈给你同样的爱。养育孩子从来不是简单的事情，更不可能一蹴而就。妈妈一定要用心陪伴孩子，耐心细致地对待孩子，这样孩子才能在你营造的爱与自由的环境中健康茁壮地成长。

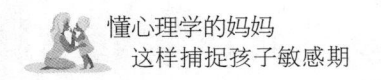

孩子总喜欢触摸物体：手部敏感期

刚刚一岁的西西在厨房里做了一件惊天动地的大事。那是一个周末，爸爸妈妈都在卧室睡懒觉呢。西西起床之后就去奶奶房间找奶奶，奶奶正忙着收拾屋子，就让西西自己在客厅里玩。后来，奶奶半天没察觉到西西的动静，不由得很担心，赶紧跑出去查看西西的情况。但是，奶奶没看到西西在客厅里，她不由得紧张起来。她一边喊着西西的名字，一边四处找。原来，西西正在厨房里"造反"呢！

西西把奶奶早上刚刚买的草莓全都倒在地上，正坐在地上捏草莓呢！好好的一大盒草莓，全都被西西捏成了草莓泥，红艳艳的草莓汁四处飞溅，弄得西西满头满脸都是，不仅如此，西西的衣服上也全都是草莓汁。奶奶生气地把西西抱起来，想要及时地制止西西，没承想，西西歇斯底里地喊起来，挣扎着要脱离奶奶的怀抱。西西的哭喊声惊动了妈妈，妈妈睡眼惺忪地起来，发现厨房里满地狼藉，原本想批评西西，转念一想：西西是不是因为进入手部敏感期了，所以才会这么喜欢捏草莓呢？妈妈对奶奶说："妈，反正已经这样乱七八糟了，索性让她玩去吧，等她玩得高兴了、不想玩了，再收拾。一会儿我来收拾，您去忙吧，我在这里看着她，防止她跌倒。"就这样，西西在妈妈的注视下玩得不亦乐乎。

妈妈突发奇想，拿了一个小土豆代替草莓给西西玩，结果西西只是捏了一下土豆，感受到土豆是硬邦邦的之后，就把土豆丢到一边，再也不愿意捏了。妈妈意识到西西喜欢捏软的东西，就给西西拿了一块豆腐。奶奶抱怨妈妈太娇惯西西，还浪费了粮食，妈妈说："西西就喜欢捏软的，就当是给她的玩具吧，这对于她的手部发展很有好处。"

手部敏感期到来之后，孩子们特别喜欢发挥手的力量，他们通过手去认识和感受不同的事物。事例中的西西正是因为进入手部敏感期，所以才特别喜欢捏软的东西，西西通过这样做不仅可以感受手部的力量，还能认知那些质地柔软的物品。妈妈说得很对，当看到孩子特别主动地刺激手部的时候，妈妈要主动地抓住孩子手的敏感期，引导孩子发挥手的作用，这样才能满足孩子们对手部发展的需求。很多细心的妈妈还会发现，在手部敏感期，孩子们还特别喜欢拿着东西到处扔。实际上，这不仅是对孩子手部力量的锻炼，也帮助孩子逐渐地形成空间感。总而言之，孩子们的成长是神奇而又微妙的过程，妈妈一定要更加理性地对待孩子的成长，也更加认真用心地观察孩子在成长过程中的不同表现，激发孩子的生命力量。

手在孩子成长的过程中起着重要的作用，在度过口部敏感期之后，宝宝的手部肌肉力量增强，动作也更加灵活，从此进入手部敏感期。在孩子成长的过程中，手能起到非常重要的作用，所以有人说手是孩子的第二大脑。由此可见，孩子手的敏感期如何度过，不但影响孩子对外界的探索和认知，也在某种程度上决定了孩子的智力发展水平。

细心的妈妈们会发现，新生儿刚出生的时候很喜欢攥住拳头，紧握小手。而随着不断地成长，孩子的小手越来越灵活。他们渐渐地松开拳头，摊开手掌，也学会了用小手抓住身边的东西，握住床的围栏等。有很多婴儿还会用手抓挠自己的脸，导致脸部、头部的娇嫩皮肤都被挠破了。这种情况下，一定要注意的是，妈妈千万不要为了省事或保护宝宝，在看到孩子把皮肤抓挠破了之后选择给孩子戴上手套，这是不恰当的行为。手的发展让孩子接收外界的刺激信息，而如果用手套把孩子的手套起来，这样看起来避免了孩子对自己的伤害，但实际上却会导致孩子失去一个与外界接触的方式和联系的通道。这样一来，孩子不能接收外部的刺激，不仅手的发育受到局限，也不利于大脑发育。所以遇到这种情况时，妈妈可以及时给孩子修剪指甲，也可以给孩子能够握在手中的玩具玩耍，而不要因噎废食，因为孩子有可能挠破自己的皮肤就给宝宝戴上手套。孩子长久地戴着手套，他们就会和出生的时候一样习惯性地握紧拳头，这对于孩子的成长是极为不利的。

从大动作到精细动作的发展意味着孩子的手部发育越来越完善。一开始，孩子只能拿起比较大的东西，后来随着不断地成长，他们的手部力量增强，手部肌肉也更加灵活，因此他们开始通过拇指和食指的配合来拿起各种细小的东西。尤其是有些孩子才一岁多就会使用筷子，还能夹起黄豆、花生等东西，这意味着他们的手部在不断地发育完善。

手对于孩子的成长至关重要，只有聪明的人类才能使用手制造工具，还能用手做其他各种各样的事情，所以人们才形容一个能干的人"心灵手巧"，这恰恰说明手的发育和脑部的发育是密不可分的——手的发育能够促进脑部的发育。那么作为妈妈，一定不要限制孩子手部的活动，而要与孩子一起进行各种各样的游戏，从而帮助孩子真正地发展双手。

大多数人都觉得人类依靠脑部思考。其实，从本质上而言，人类的思考能力也是依靠手来发展的。因而，当孩子热衷于使用双手的时候，妈妈一定不要限制他们对手的使用，而是要更加鼓励他们频繁地使用手，同时也刺激手的发展。几个月大的婴儿喜欢吃手，还喜欢把手中拿到的一切都塞入嘴巴里，两三岁的孩子喜欢玩沙子和水等，这些其实都是孩子在用双手感受世界，同时也是在用手进行对人生的深刻思考。妈妈要保护好孩子用手认知这个世界的重要途径，而且要重视引导孩子更多地使用手。遗憾的是，现实生活中有很多孩子不会使用手。例如，有的幼儿园孩子都已经五六岁了，还是用手抓饭或者用勺子吃饭，而不会灵活地使用筷子。筷子是日常生活中重要的进餐工具，而事实也证明，使用筷子对于刺激大脑的发育有很大的好处。还有的孩子直到七八岁了也不会扣扣子，更不会系鞋带。不得不说，这都是由缺乏锻炼造成的，在日常生活中，妈妈一定不要凡事都为孩子代劳，而要给予孩子机会，让他们主动地去做一些事情，这样孩子才会动起来，也才会在坚持去做的过程中不断地提升自身的能力，让自己顺利成长。

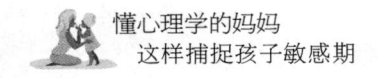

读懂那些天真的语言：语言敏感期

每个孩子从出生开始就进入了语言敏感期。这也就告诉我们，孩子的语言敏感期是从他们零岁开始的。当在母亲温暖而又黑暗的子宫里时，孩子生活在无声的世界里。而当呱呱坠地、降临人世时，孩子从无声世界进入有声的世界，他们就马上对声音表现出浓厚的兴趣。对于孩子而言，人类的语言就是世界上最美妙的音乐，当他们听到在子宫里就已经熟悉的妈妈的声音时，听到完全陌生的爸爸的声音时，听到各种各样语言之外的响声时，他们会觉得非常神奇，同时也会对这些声音充满了兴趣。

曾经有心理学家提出一个疑问，即为何明明新生儿呱呱坠地之后听到了各种各样繁杂的声音，却能精准地学习人类的语言，而没有学习那些乱七八糟的声音呢？这是因为孩子的听觉器官会自动注意某种特殊类型的声音，那就是人类的声音。对于孩子们而言，天生的语言敏感性为他们过滤掉了其他声音，也为他们营造了语言的学习环境。在外界的刺激下，孩子的语言能力得到了有效的发展，同时他们也在此过程中学习语言。所以蒙台梭利才说，人类生来就具有一种神奇的本领，那就是掌握语言的本领。

很多妈妈误以为孩子只有在半岁之后才开始学习语言，其实不然。孩子从一出生就开始学习和积累语言，在生命历程中，他们始终都在吸收语言，并且还会将语言作为一种非常珍贵的资料储存在自己的脑海中。随着不断地积累，

第 04 章
0～2岁敏感期：孩子开始大胆探索奇妙的世界

量变引起质变，孩子们逐渐开始想要发声，其发声的器官也开始发育成熟，慢慢地他们便会开始说话。当你看到一个妈妈总是对着刚出生的孩子说话时，如果你不了解孩子对于语言的学习和积累，你一定会觉得很可笑，并且也不会想到她是一个经验丰富的妈妈，你甚至可能会笑话这个妈妈是在"对牛弹琴"。事实证明，这个妈妈的努力绝不是无用功，随着婴儿的渐渐长大，婴儿听到妈妈说话时，也会开始咿咿呀呀地发声，与妈妈进行交流。当他们发声的能力越来越强，他们还会模仿妈妈说话，发出一些基础的音节。那些语言能力发展得好的孩子，一般在襁褓时期都得到了语言的启迪，妈妈絮絮叨叨对他们说出的话，正是帮助他们打开语言大门的钥匙。

很多新手妈妈都误以为新生儿听不懂语言，因而在带养孩子的时候总是沉默寡言，从来不与孩子交流，这样的观点和做法完全是错误的，并且这样的育儿方式也会导致严重的后果。曾经有人做过实验，即把完全正常的婴儿交给一对听障夫妻教养，一段时间后发现，在无声的环境中，婴儿根本无法学会说话。反之，如果把听障夫妻生育的正常孩子交给正常人抚养，让孩子在正常的语言环境中成长，那么孩子的语言能力会发展得非常顺利。

还需要注意的是，每个孩子学会说话的速度是不同的。在对语言的积累中，孩子或早或晚地学会说话，如果孩子说话比较晚，妈妈也不要着急。例如，很多孩子两岁多才会说话，而有的孩子一岁多就会说话。妈妈要耐心等待孩子把语言积累到一定的量，也要给予孩子足够的理解、信任和支持，同时也要对孩子进行良性的语言刺激，这样才能帮助孩子尽早学会说话。在孩子学会说话之后，他们非常热衷于用语言来表达自己的思想，或者表达自己对于很多问题的困惑。面对孩子的"十万个为什么"，妈妈一定要有耐心，并认真地给予孩子正确的解答。很多妈妈对于孩子的提问采取敷衍的态度，殊不知，这对

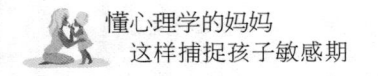

于孩子的成长没有任何好处，还会打消孩子求知的热情，让孩子变得闭塞。

　　为了给孩子树立积极的模仿对象，妈妈还可以为孩子亲身示范。语言的学习过程就是积累的过程，当孩子积累更多的语言，他们的表达能力才会不断地提升，也才会真正地掌握语言。很多孩子喜欢重复父母的话，父母不必为此训斥孩子，因为简单无聊的重复对孩子而言恰恰是最好的、最有成效的学习。当发现孩子在重复你的话，你还可以有意识地放缓语速，从而帮助孩子更加卓有成效地学习语言。

妈妈要勇敢向孩子表达爱：渴望爱的敏感期

一出生，琪琪就被寄养在大姨家里。这是因为琪琪是家里的第二个女儿，琪琪出生不久就有了小弟弟，因为没有足够的时间和精力同时照顾三个年幼的孩子，所以妈妈只好把琪琪送到大姨家里。

就这样，琪琪从出生起就在大姨家里生活，直到6岁上小学，她才从农村的大姨家回到自己的家里。然而，琪琪已经习惯了称大姨为"妈妈"，称呼自己的妈妈为"小姨"。尽管妈妈不止一次地纠正琪琪，但琪琪却始终改不过来，而且她从心底一直觉得自己跟大姨的关系更亲密。就这样，琪琪在与妈妈磕磕绊绊的相处中成了一名初中生。但是，她对待家里人很冷漠，在学校里跟同学的关系也不太好。有一次，妈妈郑重其事地找琪琪谈话："琪琪，你为何待人总是这么冷漠呢？"琪琪说："我小时候，你们对我热情吗？如果连你们都对我很冷漠，我为何要对别人那么热情呢？"琪琪说得妈妈哑口无言，妈妈只能渐渐地以温情来感动琪琪，温暖琪琪的心灵。然而，从小遗留下的问题并不是那么容易就解决的，妈妈为此也感到很苦恼。

妈妈对孩子有很重的责任和义务，绝不是把孩子生下来就够的。明智的妈妈知道自己不但需要满足孩子的吃喝拉撒，还要满足孩子的精神、情感和心理需求，唯有如此，妈妈才能与孩子更好地相处，也才能同孩子建立良好的亲子关系。

很多妈妈对婴幼儿的成长有误解，她们认为孩子在婴幼儿阶段还没有形成

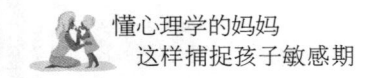

独立的思想意识，也不能自主、理性地作出选择，所以她们对于婴幼儿的照顾主要是满足婴幼儿的吃喝拉撒，而很少关注婴幼儿的身心健康。殊不知，这样的想法是完全错误的。孩子并不会因为小就没有情感方面的需求，恰恰在0~3岁期间，孩子对于妈妈的爱非常渴望。所以才有教育专家说，对婴幼儿给予多少疼爱都是不过分的，只有这样才能让孩子在爱中自由地成长，也才能让孩子感受到爱的温暖。

为了证明婴幼儿对于爱的渴望，曾经有心理学专家进行过实验。实验中，妈妈在给婴儿喂奶的时候表情凝重而又严肃，不苟言笑，面色冷漠。看到妈妈的表情，婴儿开始拒绝吃奶，并且试图以哭闹、踢腿等各种方式引起妈妈的注意，但妈妈总是对婴儿的各种反应视而不见。在这种情况下，婴儿始终无法专心致志地吃奶，同时情绪也很低落。心理学家还针对缺乏关爱的孩子进行过跟踪调查，他们发现这些孩子即使在长大成人之后，也没有从童年的阴影中走出来。他们的性格都有各种问题，有些人还会出现自残、自杀等各种极端行为。这个实验告诉我们，母亲充满爱的陪伴以及对孩子需求的及时回应，对婴儿来说十分重要，同时也会对孩子一生的成长都起到积极的作用。

因为以为孩子小的时候只有生理需求没有太多的精神和情感需求，所以很多妈妈把年幼的孩子寄养在爷爷奶奶、姥姥姥爷甚至是其他的亲戚家里。他们觉得，只要在孩子上小学的时候把他们接到身边，就不会对孩子的成长造成影响。殊不知，0~3岁是孩子最渴望得到母爱的时期，也是爱的敏感期。所以明智的妈妈不会在孩子小的时候离开孩子，而是会想方设法地守护孩子，同时也最大限度地给予孩子爱与温暖。

在这个世界上，尽管每个妈妈都很爱孩子，也愿意给孩子所有的爱，但是未必每个父母都能以最好的方式对待孩子。父母给孩子不恰当的爱，不但不能给孩子的成长以积极的作用，反而会阻碍孩子的成长，同时也会让孩子陷入各种人生困境。对于每个孩子的成长，爱是非常重要的，唯有在爱中成长的孩子，才能与外界建立更好的联系。当孩子在爱的敏感期内获得情感的满足时，他们的成长过程才会更加顺利。对于孩子而言，妈妈的爱就像是他们生存的沃土，能让他们的生命更加绚烂地绽放，同时也能让他们的成长因此而快乐。需要注意的是，比起男孩，女孩对爱的渴望更加强烈。这是因为在儿童阶段，女孩的身心发育比男孩更早一些，因而当男孩还在以稚嫩的思维，考虑如何同小伙伴争抢的时候，女孩就已经开始关注与身边人的关系了，同时也已经开始想方设法地建立自己与他人以及外部世界之间的联系了。因此，妈妈一定不要吝啬给孩子足够的爱，唯有在充满爱的环境中成长，孩子的身心发展才会更健康，孩子才会更加热爱人生，热爱这个世界。

第 05 章

2~3 岁自我意识敏感期：尊重孩子的感觉

有一部电影的名字叫《我是谁》。在这部电影中，主人公失忆了，进入一个完全陌生的生存环境之中，因而始终在探寻自己的身份。一个人，可以不知道自己的去路，但是一定要知道自己的来处。孩子也是如此，在成长到一定阶段后，他们就开始探寻和确定自己的身份，这是一个漫长的过程，也是孩子自我追寻的过程。

父母要成为孩子言行的榜样：模仿敏感期

六个月的果果开始模仿妈妈的一颦一笑甚至一举一动，尤其是对于妈妈表情的模仿，使她对妈妈的观察更加深入。每当妈妈微笑时，她也会马上微笑。每当妈妈突然板起面孔，她也会突然板起面孔。一开始，妈妈还以为果果是因为感知到她的情绪才这么敏感，后来才发现果果是在有意识地模仿。有的时候，妈妈故意噘起嘴巴，果果也会噘起嘴巴。当妈妈说话的时候，果果总是专注地盯着妈妈的嘴巴，自己的小嘴巴也情不自禁地跟着动，似乎也想发出声音。

妈妈不知道这是怎么回事，特意向同学请教。同学告诉妈妈："孩子正是通过模仿学习的。2岁前后的孩子，正热衷于模仿，重复成人所说的话，或者做成人做过的事情。这些模仿都是孩子在自主学习的表现，对于孩子的成长很有帮助。你恰好可以抓住这段模仿敏感期，给予孩子积极的引导和正面的榜样作用，这样孩子们才能找到有效学习的途径，让自己通过模仿学习突飞猛进。"听了同学的话，妈妈恍然大悟，说："看来，接下来还会有很多类似的事情发生呢！"同学表示认可，还建议妈妈看一看关于敏感期的书籍，从而更加敏锐地捕捉到孩子的敏感期。

很多人都发现，婴幼儿具有很强的模仿能力，并且能够在模仿的过程中发挥创造力，进而对自身的行为进行突破和创新。从婴儿的角度而言，模仿是他们进行学习的重要方式，模仿能力也是他们进行创造不可或缺的能力之一。为

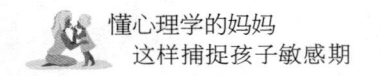

了研究婴幼儿的模仿能力，在20世纪90年代，就有科学家专门进行了研究。他们让实验人员把正确的行为展示给一个18个月大的婴儿看，然后给婴儿小号的工具。结果，婴儿很快就开始模仿，他们先尝试像实验人员一样做，当发现行不通之后马上改变方式，设法创新，最终和实验人员有了一样的结果。在达到目标的过程中，婴幼儿付出了巨大的努力，他们不仅会模仿别人，而且积极地发挥创造性，从而彻底解决问题。

实际上，新生儿从降临人世，就开始模仿成人的简单动作，如张开嘴巴，动动舌头，不过这些模仿行为和新生儿的本能行为接近，所以很少有父母能够觉察到他们的模仿。在成长的过程中，婴幼儿每天接触最多的就是家人，因此他们会主动模仿家人的言行举止，甚至还会反复地模仿和强化。正是在这样的过程中，婴幼儿才开始不断地成长，同时通过这样的学习方式不断地提升和完善自我。3岁之后，婴幼儿的行为越来越社会化，为此他们也开始模仿很多社会性行为，模仿的工程越来越浩大，渐渐地成为一系列行为的模仿。

知道了模仿的奥秘，妈妈们在纠正孩子的不良行为时，就无须歇斯底里地向孩子怒吼。例如，妈妈可以给孩子树立正面的榜样，从而在潜移默化中影响孩子。否则，妈妈越是向孩子强调哪些事情不能做，越会激发起孩子的逆反心理，导致孩子跟父母反着来。还需要注意的是，孩子尽管爱模仿，但是对于很多行为的辨别能力有限，他们无从判断哪些行为是正确的，哪些行为是错误的。当发现孩子模仿错误的行为时，妈妈一定要严格禁止孩子，而不要对孩子模仿不良行为的表现采取无视的态度。

需要注意的是，在孩子度过模仿敏感期之后，妈妈也不要就觉得无须在孩子面前保持良好的形象和言行举止。归根结底，妈妈是孩子的榜样，孩子是你的镜子，哪怕孩子已经度过模仿敏感期，你也依然要在孩子面前谨言慎行，成为孩子积极的榜样。唯有如此，妈妈才能陪伴孩子健康成长，给予孩子更多的正面力量。

帮助孩子建立秩序感：秩序的敏感期

三岁半的甜甜正值秩序敏感期，最典型的表现就是，她每次都一定要把自己玩过的玩具放回原来的地方。有一次，因为甜甜着急吃饭，所以妈妈帮助甜甜收拾玩具。然而，甜甜吃完饭后看到妈妈收拾的玩具，觉得很不满意。她生气地把玩具都打乱，然后自己再慢慢地收拾。

正在一旁看着甜甜的姥姥对此很不理解，说："甜甜，妈妈已经把玩具收拾好了，你为什么还要再收拾一遍？"甜甜听到姥姥说她，有些生气，当即对着姥姥发脾气："妈妈收拾什么，你别说我！"妈妈听到甜甜生气，当即向姥姥解释："妈，你别管她，让她收拾去吧。她正处于秩序敏感期。还记得上次甜甜去学校走错路大喊大叫的事情吗？那就是秩序敏感期的表现。在这个阶段里，孩子对于玩过的玩具，必须收拾好，还必须放到原来的地方去。让她按照自己的想法去收拾吧！"姥姥恍然大悟："我说她最近怎么有强迫症的表现呢，原来都是秩序闹的呀！"听了姥姥的话，妈妈不由得哈哈大笑。

在这个事例中，甜甜的表现就是秩序敏感期的典型表现。在秩序敏感期，孩子们往往表现出一种偏执，不愿意打破自己内心的秩序，而且在安排外界各种事务的时候，也会遵循内心的秩序去做。孩子为何会有秩序敏感期呢？众所周知，在妈妈温暖的子宫里，胎儿生存的环境一片黑暗，因为生存的空间有限，所以孩子往往不能自由地活动。自从降临人世之后，孩子就从黑暗局促的

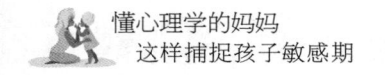

环境中出来，进入了另一个广阔光明的空间。这个世界和妈妈的子宫截然不同，而新生儿在面对一个巨大精彩的世界之后，才开始对环境的认知，因而他们情不自禁地想要控制周围的环境。正是在这种控制欲的驱使下，孩子才希望建立秩序。

在进入秩序敏感期后，孩子们不管做什么事情都想遵循秩序。日久天长，随着一遍又一遍地整理秩序，孩子们渐渐地将这些秩序固化为内心的恒定秩序，因而形成了守恒的观念。在这种情况下，孩子们不再对发生的一切感到紧张，因为他们知道某些事情发生在适度范围内，并不影响结果。然而在守恒的观念还没有正式形成和固化之前，孩子们对于秩序还是非常敏感，也带着执拗去坚持。

细心的妈妈们会发现，孩子们在某一段时间之内，总是近乎固执地去收拾自己的东西。他们必须把玩具原封不动地放在原处，才能心安理得地进行其他活动。在蒙台梭利的学校里，这个阶段的孩子不需要老师给予过多的指导，就学会了收拾玩具，摆放物品。实际上，这并非后天教育的影响，而是孩子生命的需求，这也是与孩子的成长息息相关的。

实际上，孩子天生有一种秩序感，在这种秩序感的驱使下，孩子们近乎固执地遵循一定的规律去摆放玩具甚至做各种事情。通常情况下，2~4岁的孩子会进入秩序敏感期，而秩序敏感期将会持续很长一段时间。最初，孩子对于秩序特别敏感，每当发现秩序被破坏，他们就会情绪冲动，大哭大叫。渐渐地，随着自我意识的发展，孩子们开始用"不"来表示自己的拒绝，也以"不"来宣告自己的主权，直到成为自己的主宰，并且能够力所能及地做很多事情。孩子们一旦发现违背秩序，就会马上要求所有事情按照"正确"的秩序重新安排。不得不说，孩子有时简直固执得让人无奈。

在这个阶段，如果妈妈能够对孩子因势利导，培养孩子的秩序感，那么在漫长的一生之中，孩子都会得益于年幼时形成的良好秩序感，不管是做事情还是学习，都会有条有理，同时他们也往往能够保持房间的整洁。在整理安排和有效利用时间方面，孩子也会有突出的表现。但是，假如妈妈丝毫不知道秩序敏感期的存在，而且每当看到孩子们在秩序方面特别偏执时，还会想方设法地逼着孩子放弃秩序，那么长此以往，孩子对于秩序的把握就会很差，人生也会因此混乱不堪。总而言之，当面对孩子在秩序敏感期的各种奇怪和偏执表现而感到困惑不解的时候，妈妈一定要想到，孩子拥有内在的秩序感，也能够遵循生命的驱动去做很多事情。所以，只要孩子的言行举止不会伤害自己或者他人，那么妈妈就要尊重孩子的成长，给孩子的成长以自由的空间，帮助孩子更加快乐地成长。

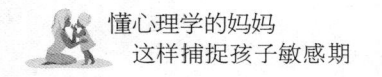

孩子喜欢用身体感知空间：空间敏感期

通常情况下，空间敏感期同样是从孩子出生开始，一直延续到6岁左右。在空间敏感期内，孩子的空间感知能力不断提升，呈现出螺旋式上升的发展趋势，这也会给孩子们的成长带来很多积极的作用。孩子们的空间敏感期到底有何表现呢？

很多孩子会不断地把拿在手里的摇铃扔到地上，然后等妈妈把摇铃捡起来，放到她手里的时候，她又会马上扔下去，而且对于这样的重复乐此不疲。孩子之所以喜欢扔掉摇铃，是因为这是她认知外部世界的一种方式，通过听摇铃掉到地上的声音感受它的材质，也在不断扔掉摇铃的过程中感受乐趣。这是空间敏感期在婴儿身上的明显表现。2岁前后，很多孩子尤其喜欢做的一件事情就是，把一些东西塞入某个洞之中再掏出来，再塞进去。这也是很多孩子喜欢玩旅行箱的原因。孩子意识到不同的物体彼此分离的真相之后，就想要无数次验证这个真相。随着空间感知能力的不断提升，孩子们不再想要继续装东西、拿出东西，他们开始喜欢玩积木，通过玩积木来建立空间，再推倒积木尝试进行空间重建。在此期间，孩子的空间感知能力大幅提升，他们渐渐地不再满足于搭建积木，而是开始把自己作为空间的一分子，融入空间。

3岁前后，孩子们越来越喜欢探险，他们爬到高处再跳下来，颇有一股初生牛犊不怕虎的闯劲。他们就像是最勇敢的运动员一样，不断地挑战自己的极限，当发现自己足以驾驭某个高度之后，他们会马上尝试挑战新的高度。从这个角度来说，一个人的内心能够承受的空间大小决定了他们对于空间的把握。这一点看起来似乎无关紧要，实际上却至关重要，因为这直接决定了孩子长大成人之后能拥有多大的世界，甚至决定了孩子人生未来的发展前景。所谓思想有多宏远，人生就能走多远，我们也要说，空间承受能力有多高，人生的空间就有多大。遗憾的是，当孩子们进行类似的探索活动时，很多妈妈不知道孩子正处于空间敏感期，还以"调皮顽劣"等词语形容孩子的表现，并且对孩子严格地加以制止。不得不说，孩子的成长离不开妈妈的引导和支持，更离不开合适的生存环境。

当你发现孩子特别喜欢把手里的东西扔到地上或者对着某个东西吐口水，又或者喜欢往洞里塞东西时，不要觉得惊讶，而是要敏锐地意识到孩子进入空间敏感期了。同时，妈妈也要明白，孩子从此之后就要迈出探索人生的脚步，踏上新征程。从本质上而言，孩子正是在不断地进行空间探索的过程中，才完成了对自己的重新塑造，这才真正做到突破自己，超越自己。

直立行走对人类而言有着深远的意义，对孩子的成长而言更具意义非凡。在只能躺着或者只会爬的时间里，孩子只能通过嘴巴和手部来触碰和认知这个世界。而随着孩子学会走路，他们成为自己的主宰，想去哪里就去哪里。在这种情况下，他们的活动范围扩大了很多。也正因为如此，他们才会在学会行走之后迫不及待地认知和感受世界。不得不说，当孩子学会以到达的方式划定自己的领地时，最担心的就是妈妈。很多妈妈对于不听指挥的孩子，往往烦恼孩子的调皮。实际上，这正是孩子的进步，妈妈要在保证孩子安全的情况下尽量给孩子更大的安全空间，这样一来孩子才能不断地成长，也才能最大限度地发展自己的空间能力。

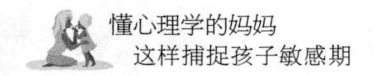

实际上，家有空间敏感期孩子的父母完全没有必要对于孩子的成长太过担心。曾经，有心理学家专门对孩子进行过视崖实验。这个实验告诉我们，当孩子意识到继续往前爬或者行走会有危险时，他们大多数会在视觉上呈现出明显凹陷的地方停下来，绝不以身犯险。这告诉我们，婴儿是有能力保护自己的，对于外部的环境，他们有本能的判断，也能够在危险到来之前及时停止，不再盲目前进。

为了让孩子的空间感知和把握能力发展得更好，妈妈在教育孩子的过程中一定要把握好度，不要在孩子没有遇到危险的时候过度保护孩子，也不要把有可能发生的危险都告诉孩子，导致孩子束手束脚。这对于发展孩子的空间能力是没有任何好处的。爱孩子，就要相信孩子，要让孩子对于空间有判断力。唯有在爱与自由的环境中成长，孩子才能更加自信坚定和勇敢，也能正确衡量自身的能力，准确判断自己是要继续去做，还是要停下来不再向前。

孩子总觉得什么都是大事：细节敏感期

在炎热夏天的一个晚上，因为妈妈开着窗户睡觉，蚊香失灵了，甜甜被蚊子咬了好几个大包，尤其是左脚的脚心被蚊子咬了两口，导致整个脚心都肿起来了。次日起床，奶奶原本准备带着甜甜到小区广场上玩耍，甜甜却带着哭腔说："奶奶，不行啊，我不能和你出去玩，我的脚受伤了不能走了。"奶奶虽然很心疼甜甜被蚊子咬的脚，却也觉得可笑："蚊子咬了怕什么呀，谁还没被蚊子咬过呢，没关系的。"然而，甜甜坚持不出去玩，就连平日里最喜欢玩滑梯的她也不感兴趣了。

一连三天，甜甜都闭门不出，无论奶奶怎么劝说她，她就是不愿意离开家，而且在家里待着的时候还让奶奶抱着她走路，总是不敢用肿胀的脚心着地。看到甜甜这么小心，奶奶也不知道该怎么办。后来，奶奶把情况告诉了妈妈，妈妈说："妈，别管她了，就让她在家吧，等到脚好了再说。她应该是到了细节敏感期，所以对很多细小的事物特别敏感。"果然，等到第五天的时候，妈妈刚回家，甜甜就兴奋地告诉妈妈："妈妈，我的脚好了，你看，可以踩在地上了。"妈妈赶紧夸赞甜甜："甜甜真棒，已经好了！"

在这个事例中，三岁半的甜甜进入了细节敏感期，所以对于很多细小的事情也放在心上，根本不愿意妥协。虽然奶奶用甜甜最喜欢的滑梯劝说，但是甜甜始终坚持不出门，直到被蚊子咬肿的脚彻底好了，甜甜才愿意出门。对于甜

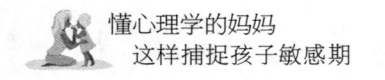

甜的表现，奶奶觉得很好笑，不过妈妈知道甜甜是进入细节敏感期了，因而并没有强迫甜甜改变。

大概一岁半之后，孩子进入细节敏感期，有些孩子的细节敏感期出现得比较晚，大概在2岁。在此之后大概到4岁，孩子都处于细节敏感期。所谓细节敏感期，就是指孩子从之前只能关注到事情大的方面，变为更加关注事物的细节，同时也会对于事物的细节表现出浓厚的兴趣。例如，妈妈们会发现，孩子突然对蚂蚁感兴趣，在树根底下发现了几只蚂蚁就能看上大半天的时间。妈妈当然不理解孩子为何会对蚂蚁感兴趣，但是生命的自然规律让孩子们更多地关注生活中的细节，也给予了孩子们更好的发展和成长。还有些孩子在细节敏感期内总是对很多小物件表现出浓厚的兴趣。例如，他们去超市的时候不是最喜欢玩具展架，而是最喜欢去卖粮食的地方。这是为什么呢？原来，他们喜欢抓几粒大米放到自己的手心，或者在五谷杂粮那里捡一粒绿豆，紧紧地攥住。成年人根本不能理解孩子为何对这些小东西感兴趣，但是孩子却乐此不疲，他们珍视每一朵小花、每一片树叶，也喜欢每一块小石子，甚至只是衣服上掉下来的一颗小小珠子也视若珍宝。

妈妈们不知道，为何这些小小的、不起眼的东西却成为了孩子眼中的宝贝，那些小小的、不值一提的事情却让孩子感到非常忧愁和烦恼。实际上，孩子进入细节敏感期是成长使然而绝非偶然。随着不断成长，孩子原本就已经开始发展观察能力，手部动作也越来越趋于精细，在这种情况下，他们为了追求身体发展的需要，开始关注细小事物，这对于他们未来的发展是很有好处的。

孩子对细小事物的关注不仅体现在小的物质上，更体现为他们的心越来越细致、对很多事情的了解更加深入和透彻。因此，妈妈一定不要先入为主地认为孩子对细小事物的关注是毫无意义的，实际上，孩子的视野与成人的不同，成人的视野相对开阔，而孩子的视野相对狭窄，因而孩子更喜欢关注那些微小的事物。在关注微小事物的过程中，孩子的观察能力不断发展，孩子的专注力也越来越强。

在孩子的眼中，一花一木都是世界，而对成人而言毫无意义的很多细小事物，在孩子眼中却是广阔的世界，值得认真欣赏。父母需要注意的是，当孩子沉浸在对细小事物的观察中时，千万不要因为不耐烦就盲目地打断孩子，影响孩子的专注力。妈妈们要知道，孩子对小事物的观察是细致入微的，而且也在此过程中形成了专注力，所以妈妈非但不能打断孩子，还要更加尊重和了解孩子，站在孩子的角度去看待这个世界，看待这个问题。

当孩子表现出对某些不起眼的物品非常重视时，妈妈不要总是肆无忌惮地嘲笑孩子、否定孩子。记住，父母对于孩子任何细微的态度都会被孩子觉察，而且孩子的内心世界是与成人截然不同的。尤其是当孩子正值细节敏感期时，这些细小事物对他们而言就是不可多得的宝贝，观看蚂蚁搬家也是比任何事情都更加重要的。从这个角度来说，妈妈一定要尊重孩子对世界的探索欲望，保护孩子按照自己的方式对世界展开探索。唯有如此，才能引导孩子遵循生命的节奏成长，也才能有效地保护孩子每一步的成长。

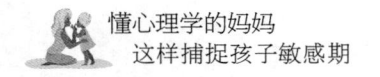

2岁以后，孩子的自尊意识越来越强

从本质上而言，孩子不断成长的过程就是自我构建的过程。新生儿从呱呱坠地开始，就没有独立的自我意识，他们是无我的，与外部世界浑然一体，没有任何生疏感和距离感。而随着不断成长，孩子渐渐意识到自我的存在，开始形成自我意识。在这样的过程中，孩子不但越来越多地强调自我，而且自尊心也会变得更加敏感。当孩子进入自我意识的敏感期，他们所面临的问题不仅仅是各方面能力的发展，还有自我意识的发展。细心的妈妈们会发现，随着自我意识敏感期的到来，孩子们变得越来越霸道，不仅不愿意把自己的东西与其他人分享，而且会霸占别人的东西。他们变得越来越爱面子，不愿意与人为善，更不愿意受到任何委屈。在这种情况下，孩子们到达两岁后，就会发现自己与这个世界并不是一体的，而是相互分离的。心理学家皮亚杰经过长期的研究最终得出结论，孩子在0~6岁期间都在进行自我构建，而且会把所有的激情与热情都投入其中。最终，孩子走出了自我，变得越来越独立，与此同时，他们的创造力、幸福感也与日俱增，此时他们真正实现了成长。

在成长过程中，孩子们又要怎样来表达自己呢？起初，当孩子发现其他人与自己的态度截然不同的时候，他们会以粗暴的方式表达自己的不满足，如打人就是孩子用来表达自己意愿最直截了当的方式。等到打人的时期过去之后，孩子们就开始进入坚持地说"不"的时期，他们不管听到父母说什么、看到父母做什么，都会无一例外地表示否定。在这个阶段，父母简直怀疑这个总是和父母作对的孩子，还是曾经那个乖巧可爱的"小棉袄"吗？实际上，孩子不是爱与父母作对，也不是有意识地故意与父母对着干，而是想通过这样的方式与父母分离，从而感受到自己作为独立生命个体的快乐和成就感。

孩子有自己的成长规律。在自然法则的规定下，孩子们每时每刻都在遵循生命的节奏不停地成长。在度过自我意识敏感期之后的几年时间里，他们能更加坚定不移地做自己，排除外在的干扰，这样，孩子才能对世界万物形成自己独立的见解，也能最大限度地完成对自我的成就。在不断成长的过程中，孩子们还会渐渐地形成优秀的品质，这是他们人生之中最独立之处和核心所在。实际上，越是有个性和独立主见的孩子，反而越能用心专注地自我发展，不会人云亦云，更不会跟随大多数人去做任何事情，从而避免了盲目从众。很多妈妈都羡慕别人家的孩子有个性。殊不知，这是因为别人家的妈妈在孩子的自我意识敏感期，给予了孩子正确的引导，帮助孩子度过迷惘的时期，从而引导孩子形成真正特立独行的自己。

独立的孩子拥有自己的思想，也表现出强烈的主见意识，他们不会为了迎合他人而改变自己，更不会为了让他人满意而委屈自己。他们很清楚自己想要怎样的生活，也知道自己想要实现怎样的人生。同时，他们看世界也有自己的方式，绝不会人云亦云，更不会因为他人的任何意见或者看法而轻易地迷失自我，改变自我。很多妈妈以为听话的孩子更好管教，殊不知，一个没有自我的孩子无法界定自己与社会和他人的关系，也无法真正地成长和完善自我。现代社会充斥着各种各样的诱惑和机会，如果孩子不能拥有坚定不移的个性，他们就会沉迷其中，导致自己的成长和人生都陷入被动的状态。所以对孩子而言，最重要的是构建自我，拥有自我，而不是为了表现出对父母的顺从就轻而易

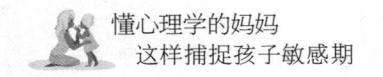

举地放弃自己的想法。现代社会的诱惑太多，孩子从降临人世开始就面对各种各样的诱惑，随着不断成长，更是会在面对各种诱惑的时候动摇。在这种情况下，明智的妈妈不会一味要求孩子听话，而是以尊重和平等对待的方式陪伴孩子成长，同时循序渐进帮助孩子养成良好的独立自主性。尤其是在孩子表现出明显的自主意识时，妈妈一定要尊重孩子，而不要强迫孩子做不想做的事，否则不仅会伤害孩子的自主意识，也会给孩子的成长带来很多疑惑和困扰。

第 06 章
3～4岁敏感期：宝宝对外界的一切都敏感好奇

　　3~4岁的孩子正处于人生的关键时期，会遇到人生中的很多敏感期。在这个阶段，孩子的自我意识渐渐觉醒，独立意识越来越强，他们迫不及待地想要独自去探索整个世界，却又受到方方面面的限制和禁锢，所以在此期间，孩子往往表现出难以理解的偏执，也让很多父母感到头疼不已。如何陪伴3~4岁的孩子度过敏感期，这是每个妈妈都急需学习的，也是妈妈们应该足够重视和慎重对待的。

第 06 章
3～4岁敏感期：宝宝对外界的一切都敏感好奇

孩子总喜欢颜色鲜艳的物品：色彩敏感期

　　细心的妈妈会发现，孩子都喜欢五颜六色的东西，这是为什么呢？其实，从出生后三四个月开始，孩子对于色彩就会有所感知。为此，很多妈妈会在孩子的床上挂上很多颜色绚丽的装饰物，如毛绒玩具、玩具气球、床铃等。这样一来，孩子可以通过看着这些五颜六色的玩具和装饰物消磨时间，与此同时，这些玩具和装饰物也会通过对孩子产生色彩刺激，从而让孩子更加主动地认知各种颜色。在进行这样的色彩启蒙之后的6~11个月内，孩子会对色彩产生反应。他们看到色彩艳丽的东西时会目不转睛地盯着看。这个时候，妈妈应该抓住机会，指着孩子感兴趣的东西，以轻柔的语调告诉孩子："这是红色的花朵，那是绿色的草地，天空中是金色的太阳。"在色彩认知的过程中，妈妈对孩子说得越多，孩子对色彩的认知就越好。

　　大多数孩子在1岁前后学会走路。在此期间，他们对于色彩的认知依然不够全面。通过独立行走，孩子们的活动范围越来越大，在这个时间段里，妈妈依然可以对孩子进行颜色的启发，来帮助孩子更好地认知颜色。如此发展下去，到了三四岁，孩子会进入色彩敏感期。在色彩敏感期内，孩子们最热衷做的事情就是通过身边的诸多事物认识颜色，如女孩提出要穿红色的裙子，男孩提出要一双蓝色的鞋子，还有的孩子想要把房间刷上绿色的漆，更有的孩子喜欢天蓝色的衣柜等。随着色彩敏感期的到来，孩子们对于色彩的热爱

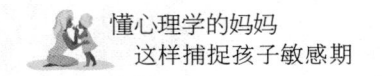

也更加明显地表现出来。他们开始喜欢涂鸦，用各种各样的颜料在画画本上乱涂乱画，也喜欢拿着笔趁着家人不注意的时候在墙上作画。很多女孩在这个阶段特别喜欢鲜艳的花朵，而且尤其喜欢不同颜色的花朵。不得不说，这就是进入色彩敏感期的表现，与此同时，孩子的审美能力也在不断地发展和进步。

孩子因为在色彩敏感期中对于色彩有浓厚的兴趣，所以总是不停地画画，但遗憾的是，很多妈妈为了保持家里的干净整洁，会把孩子的彩笔都收起来。还有些妈妈当看到孩子画得不够好的时候，会对孩子的画妄加评论，不知不觉间就伤害了孩子的绘画热情。这样一来，孩子对色彩感知能力的发展就会受到限制，甚至还会错过色彩敏感期。心理学家经过研究发现，大多数幼儿都喜欢明快、艳丽的颜色，如果在色彩敏感期内孩子能够得到色彩的刺激，那么他们对于色彩的感知能力会不断地增强。反之，假如孩子在成长过程中总是接触暗淡的颜色，那么他们对于色彩的感知能力会下降，而且其身心健康也会受到影响。心理学家经过研究证实，在明艳色彩中成长的孩子，记忆力、感知力、智力等发展得都很均衡。反之，在暗淡色彩中长大的孩子，这些方面的能力则发展滞后，其人生的发展也可能会受到限制。

从心理学的角度来看，在色彩敏感期内，孩子只有得到及时的引导和发展才能健康地成长。因此，当妈妈发现孩子总是喜欢拿着笔到处乱写乱画的时候，不要为了整洁而限制孩子的发展，而要给孩子开拓一方可以随意涂鸦的自由天地，让孩子对于色彩的喜爱有展示的空间。记住，对于孩子而言，色彩绚烂的世界是充满乐趣的，既然你想给孩子的快乐的童年，那又为何不能容忍孩子以斑斓的色彩为自己创造童真童趣的世界呢？

孩子对色彩的认知还有助于开发他们的智力。妈妈们会发现，孩子对于色彩的观察是细致入微的，如果遇到自己不能准确描述的颜色，他们还会借助食物来形容这种颜色。例如，有的孩子描述红色为"辣椒的颜色"，描述紫色为"葡萄的颜色"，这是孩子从生活中得来的智慧，对于培养孩子的思维能力、语言表达能力都有很大的好处。

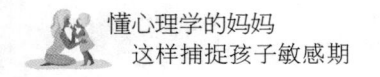

孩子总是固执己见：执拗敏感期

一天晚上，爸爸妈妈8点多才回到家里，听到开门声，正在客厅里玩耍的甜甜马上蜷缩在沙发上，想用夏凉被把自己包裹起来。然而，爸爸妈妈进来的速度太快了，所以甜甜还没有完全把自己藏起来，他们就打开门进入客厅了。妈妈和往常一样一边换鞋一边喊着甜甜的名字，突然，甜甜生气得哭了起来。妈妈一头雾水，不知道甜甜是怎么了。甜甜一边哭，一边还跑下沙发用头把妈妈朝着门外拱。妈妈问甜甜："甜甜，你不让妈妈回家吗？"甜甜哭着说："你重新进来，重新进来！"这下子，妈妈明白甜甜的意思了。原来，甜甜是因为没藏好，所以才让爸爸妈妈出门之后再重新进入家门。

爸爸对此很不在意，他刚刚换好鞋子，不想再出去重新换鞋。妈妈对爸爸说："快出去吧，甜甜进入执拗敏感期了，如果你不按照她说的去做，她会一晚上都很别扭。"看着甜甜不依不饶的样子，爸爸意识到情况也许真的和妈妈所说的一样，因此赶紧走到门外，重新开门、进门。果然，爸爸妈妈再看向客厅的时候，发现甜甜已经躲在夏凉被下面了。为此，爸爸妈妈异口同声地问："甜甜呢？甜甜去哪里了？"甜甜躲在被子下面笑得合不拢嘴，爸爸妈妈却假装没看见，爸爸还故意问："甜甜去哪里了？是去连云港老家了吗？"看到爸爸被自己骗到了，甜甜马上从夏凉被下面一跃而起，夸张地对爸爸喊道："爸爸，我在这里呢，哈哈！"看着前一瞬间还大哭的甜甜现在兴致高昂的样子，爸爸简直觉得神奇，对妈妈说："你怎么知道她吃这一套呢？"妈妈嗔怪道："我怎么知道呢？我只是多看了几本育儿的书而已。孩子在4岁前后正处于执拗敏感期，在非原则性问题上，与其与他们较真，不如顺从他们，这样也能满足他们的心理需求。"爸爸由衷地对妈妈竖起大拇指，还请妈妈把相关的育儿书籍也给他看一看呢！

常言道：活到老，学到老。在现在社会全民终身学习的年代，作为妈妈，更要学习相关的育儿知识，才能避免在教养孩子的过程中成为"文盲"。每当看到孩子们的"任性"表现，很多妈妈会感到急躁。实际上，并非孩子故意任性，而是因为他们进入了执拗敏感期，因而变得很固执己见。

对于每个孩子，执拗敏感期都是必须经历的心理发展阶段。执拗敏感期的出现是因为孩子的自我意识和独立意识越来越强，为了证明自己的力量，他们不愿意再对妈妈言听计从。大多数孩子的执拗敏感期出现在2岁前后，这是因为2岁孩子的自我意识越来越强，他们也开始尝试着脱离妈妈的控制和指挥，按照自己的想法去生活。通常情况下，执拗敏感期的高峰期在3~4岁，在这个特殊阶段里，孩子简直要成为妈妈的"冤家对头"，妈妈让他们往东，他们偏偏要往西。随着执拗敏感期的到来，孩子们也进入人生中的第一个叛逆期，在此期间，他们总是故意与妈妈作对。对于叛逆期执拗的孩子，妈妈一味压制显然是行不通的，最重要的是要引导孩子，并且给孩子自由选择的空间，让孩子自主地去选择适合自己的人生道路。

面对孩子的"任性"和"叛逆"，如果妈妈不知道如何疏导孩子的情绪，也不知道在这个特殊阶段对孩子要以引导为主，那么面对孩子的"无理取闹"，很多妈妈会不由分说地批评和打骂孩子。毫无疑问，这样的方式对于孩子的成长没有任何好处，而且妈妈也很容易因为错误的教育思想的引导，而做出错误的教育行为。需要注意的是，孩子并非故意任性，执拗敏感期的出现并不以孩子的意志为转移，而且它还是孩子的身心发展必然要经历的阶段。面对孩子的执拗敏感期，或是人生中的第一个叛逆阶段，妈妈一定要做好准备，只有这样才能从容地引导孩子，也才能保证孩子的身心健康地发展。否则，如果妈妈本身就没有处理问题的意识，那又如何能够引导孩子，并且让孩子心甘情愿地顺从妈妈呢？唯有帮助孩子顺利地度过敏感期，孩子才能快乐地成长。

当然，在教养孩子的过程中，理论的学习和准备只是最简单的一个层次，更重要的是在面对孩子成长的具体情况时，妈妈要具体情况具体对待，只有这样才能有的放矢，事半功倍。妈妈还需要注意的是，孩子在3~4岁出现执拗的行为表现，并不意味着孩子将来长大成人之后也是很叛逆的。只要顺利地度过这个阶段，孩子的身心健康地成长，未来孩子完全可以正常地成长和发展，同时孩子也能在人生的道路中有更多的收获。

在教育孩子的过程中，无论孩子如何表现，妈妈都要知道孩子是在遵循生命的规律去表现和行动。因而，妈妈一定不要对孩子采取高压政策，更不要强迫孩子违背生命的规律。在遇到很多难以理解的情况时，妈妈要先想一想孩子出现这种情况的原因，也要站在孩子的角度上为孩子考虑，这样才能设身处地为孩子着想。执拗敏感期是孩子可以光明正大、名正言顺地不讲道理的时期，妈妈一定要在这个时期理性地对待孩子，对孩子晓之以理、动之以情，这样孩子才能控制自己的任性与胡闹，做出更好的表现。此外，孩子的成长是一个漫长的过程，每一个孩子在成长过程中都会遇到各种各样的问题，父母不要因为孩子的某些表现不尽人意，就对孩子贬低打击。实际上，唯有以爱与耐心包容孩子，才能为孩子营造良好的成长环境，也才能帮助孩子顺利度过敏感期。

我是xx，不是xx：自我意识萌芽

经过在幼儿园半年的学习，甜甜的自我意识越来越强，她从最初入园时的紧张哭泣到后来每天都能高高兴兴地去幼儿园，这是一种成长，与此同时，甜甜更是在这个过程中经历了漫长的心路历程。

从两岁多的时候开始护着自己的东西，到三岁多进入幼儿园开始学会与小朋友分享，再到四岁半的时候，甜甜开始对自己的名字非常敏感，尤其不喜欢别人不称呼她的名字，而是给她"称谓"——姐姐或者妹妹。

有一次，妈妈带着甜甜去超市，遇到一个和她年纪相仿的小朋友。甜甜和那个小朋友在儿童游乐区玩了一会儿之后很快就熟悉起来了。甜甜主动对小朋友进行了自我介绍："我叫甜甜，今年四岁了，你叫什么名字？"小朋友说自己三岁。小朋友的妈妈说："小米，你就和姐姐玩吧，姐姐特别好，对不对？"听到自己被称呼为姐姐，甜甜马上不乐意了："我不是姐姐，我是宋小甜。"妈妈向甜甜解释："甜甜，你既是宋小甜，也是姐姐，因为你比那个小朋友大，所以她是小妹妹，你是小姐姐，知道吗？"甜甜依然不依不饶："我不是姐姐，我是宋小甜。"看到甜甜不愿意接受姐姐的称呼，妈妈只好无奈地说："好吧，好吧，你是宋小甜。"在之后很长一段时间里，甜甜都不愿意被称呼为姐姐或者妹妹，只承认自己是宋小甜。

随着自我意识的觉醒，在不同的年龄阶段孩子往往会有不同的表现。通常

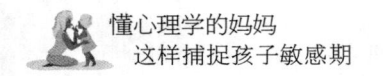

情况下，两岁多的孩子自我意识的觉醒表现在他们不愿意分享自己的物品。从一开始不知道保护属于自己的东西到后来不愿意把自己的任何东西给别人。随着不断地成长，自我意识的觉醒还表现为孩子总是不愿意听从妈妈的意见或者建议，并且特别固执己见。在这个事例中，四岁半的甜甜自我意识不断发展的明显表现就是她不愿意被称呼为姐姐或者妹妹，而更加强调自己的名字，这其实是孩子潜意识里想要成为独立生命个体的表现。

通常情况下，称谓都是以与他人的关系为基础形成的，而名字则是完全属于自己的独立的称呼。甜甜强调自己是"宋小甜"，恰恰意味着她不愿意作为别人的姐姐或者妹妹而活，而只愿意作为独立的生命个体而存在。这反映了一个问题，即很多妈妈在称呼孩子的时候总是喜欢称呼他们为"宝贝""心肝""乖乖"等。实际上，这些称呼对于几个月大的婴儿还算适用，但是对于大一些的孩子而言，一直这样称呼孩子则会给孩子带来不良影响。因此妈妈不要总是以各种昵称称呼孩子，而应该适当对孩子直呼其名。如果想要表现亲昵，可以选择把孩子的姓省略，从而给予孩子有关名字的称呼。在这样长期对孩子直呼其名的过程中，孩子的独立性得以更好地发展，自我意识也得到充分的尊重，对孩子的成长是有好处的。

凡事总要做到百分之百：审美和追求完美的敏感期

有一个周末，妈妈和奶奶一起带着甜甜去商场玩。走到一家卖童鞋的专柜面前时，甜甜突然走进去开始看鞋子。当看到高跟的鞋子时，甜甜执意地要求妈妈为她买"增高鞋"。妈妈不由得觉得好笑又无奈，心中暗暗想：你这个小屁孩居然要求穿高跟鞋，也太爱臭美了吧！不过，这双鞋是样品，而且是大尺码，甜甜穿不了。遗憾地从鞋店里走出来之后，甜甜就对妈妈说："妈妈，我想要那个'增高鞋'，你给我买吧，求求你了！"妈妈只好敷衍甜甜："好的，等再看到高跟鞋就给你买！"甜甜不依不饶，坚持让妈妈现在就给她买高跟鞋，妈妈费了好大的劲儿才搪塞过去。

回到家里，甜甜原本正看着动画片，突然她对妈妈说："妈妈，我要公主裙，要电视里这样戴着花朵和蝴蝶的。"妈妈不知道甜甜这是怎么了，之前妈妈给她买什么衣服鞋子她就穿什么衣服鞋子，怎么这次非要自己选择衣服鞋子了呢？

在这个事例中，甜甜的表现让妈妈感到很惊讶，也有些不知所措，因为妈妈总不能真的给甜甜买一双高跟鞋吧，至于公主裙，倒是可以买一条给甜甜穿穿，让她过过公主瘾。那么，甜甜到底为何会有这样的行为呢？原来，这是因为甜甜进入了审美和追求完美的敏感期。简而言之，就是孩子进入爱美的阶段了。他们不仅爱美，而且变得凡事都追求完美，他们不仅会吹毛求疵，更会因

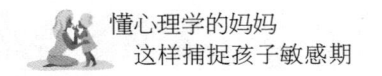

为事情不符合他们的标准而变得愤怒。面对这样一个追求完美的小孩，妈妈又该如何做呢？完全达到他们的标准显然是不可取的，毕竟孩子缺乏判断和甄别能力，因而往往提出错误的请求。但是妈妈面对孩子螺旋式发展的审美以及追求完美的敏感期时必须要慎重，才能启发孩子对于美的正确感知，促使孩子的审美能力不断地发展。

和男孩相比，女孩在进入审美和追求完美的敏感期之后，对于自己的形象会更关注。她们一反常态，不愿意穿妈妈给她们准备好的衣服，而总是喜欢自己在衣柜里翻来找去，要找自己喜欢的衣服穿。就连每天扎几个小辫子、扎在哪里，她们都要亲自把关。对于这么一个难伺候的小美妞，妈妈总是哭笑不得。其实，孩子变得爱美、追求完美并不是坏事情，这说明孩子对于美的鉴赏能力有所提升，也说明孩子开始培养自己并想要拥有一双善于发现美的眼睛。在这个阶段，妈妈正好因势利导，培养孩子正确的审美观念，也让孩子在不断成长的过程中欣赏美、表现美，同时给予孩子更多美的熏陶和对美的鉴赏机会。

这个阶段对于女孩而言是非常重要的，甚至会对她们在未来人生之中呈现出的气质产生一定的影响，同时也会在某种程度上决定她们审美能力的高低。因而妈妈要小心翼翼地保护孩子已经萌芽的审美意识，也要帮助孩子追求美丽。当然，对于孩子表现出来的过度追求完美的倾向，妈妈也要告诉孩子，这个世界上并没有真正的完美，任何事物只能无限接近完美。而且在追求完美的过程中，妈妈更要帮助孩子理解什么是美，并且引导孩子以正确的方式追求美。大多数妈妈在面对孩子的爱美劲头时，总是选择呵斥与指责，这么做非但不能引导孩子形成正确的审美意识，反而会伤害孩子审美意识的萌芽，更会导致孩子在追求完美的道路上有诸多的苦恼。

面对孩子过度追求完美的倾向，很多妈妈会非常苦恼。孩子对完美的追求不仅表现在对服装的挑剔方面，也表现在对食物等很多物品的苛刻要求上。例如，妈妈给孩子蛋糕，最好给一个完整的，否则当处于追求完美敏感期的孩子看到残缺不全的蛋糕时，他们甚至会生气得哇哇大哭起来。当家有追求完美的孩子，妈妈一定要全方位地引导孩子形成正确的审美意识，也要激发出孩子追求美的欲望。有的时候，面对孩子的诸多荒唐表现，妈妈也许不屑一顾甚至不能接受。但是在这种情况下，妈妈也要遏制自己的冲动，不要因为对孩子不满意就对孩子冷嘲热讽，也不要因为对孩子的审美观念不满意，就肆无忌惮地批评和苛求孩子。尽管审美敏感期从孩子两岁半持续到五岁，但对于美的强烈渴望和追求不只会让孩子做出令人啼笑皆非的事情，也会为孩子未来的气质和审美能力的发展奠定基础，但是在这个阶段，妈妈对孩子的审美能力进行引导时也无须过分紧张。唯有顺应孩子的天性，引导孩子的发展，孩子才会有更好的表现，也才能健康地成长。

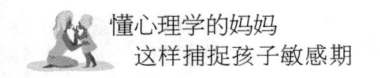

这东西是我的：占有敏感期

这段时间，妈妈发现自己买回家里的很多零食总是莫名其妙就不见了。一开始，妈妈以为是爸爸吃掉了，还调侃爸爸："你最近怎么爱上吃零食了，还是偷偷吃的，我都没看见你什么时候吃的！"爸爸感到很委屈："我没有吃啊，我也就吃了一日三餐，什么时候吃零食了。"妈妈问："那我前几天买的海苔饼干呢？我问乐乐，他说他没吃，问甜甜，她也说她没吃，除了你还能有谁呢？"爸爸觉得很可笑："那你就认定是我吃了吗？我告诉你，咱们家可是有只'沙鼠'！""沙鼠？"妈妈觉得很困惑，"沙鼠是什么？"

爸爸笑起来，赶紧为妈妈科普一下："沙鼠是一种沙漠里的老鼠，尤其喜欢搜集各种各样的食物，并且特别爱好囤积食物。别看沙鼠小，从一只沙鼠的洞穴里有可能搜集出几十千克的干草、粮食，不得不说，这个量是非常惊人的。"听完爸爸的话，妈妈不由得笑起来："难道你发现咱家'沙鼠'的窝了？"爸爸点点头，把妈妈带到甜甜的房间里去看，妈妈这才发现甜甜榻榻米的抽屉里，还有衣柜底部，都放了很多零食。妈妈非常惊讶："天哪，这都是什么时候藏起来的呀？"爸爸说："趁着你不注意的时候。""那么，甜甜什么时候吃呢？"爸爸回答："未必都能吃完吧，她就是喜欢霸占而已。"

这件事简直令妈妈莫名其妙，爸爸说："我已经查阅过相关资料，这是孩子进入占有敏感期的表现，他们不管看到什么都想据为己有。你没发现在吃饭时，如果我们也吃甜甜喜欢吃的菜，她马上就会把菜装满自己的碗，这是因为她害怕喜欢的菜被别人吃光啊！"妈妈思忖：是不是只有自私的孩子才会这样呢？爸爸似乎看透了妈妈的心思，说："这是孩子正常的身心发展阶段，他们习惯把很多东西占为己有，也喜欢囤积很多的零食。等过了这段时间，孩子长大了，自然就好了。"

通常情况下，孩子在3~4岁进入占有敏感期。顾名思义，占有敏感期就是孩子喜欢占有很多东西的时期，在这个时期，他们开始享受完全支配属于自己的东西的快乐。很多妈妈无法理解孩子的这种感受，如事例中甜甜的妈妈，她总觉得零食就放在家里、摆在客厅里，任何人可以随时吃随时取，孩子为何还非要占有这些零食呢？其实，这是因为妈妈不懂甜甜的心思。对甜甜而言，只有在完全拥有某一件东西，并且有绝对的权利支配这个东西的时候，他们才能感受到拥有和支配的快乐，他们才能超越对这件东西的占有欲，领略到精神层面的满足。

对孩子们而言，在完全占有这些东西时，他们也为进行交换做好了准备。否则，孩子们对于属于家里的东西是没有交换权利的。从这种意义上而言，占有也是在为孩子展开人际交往做准备。在大自然里，很多动物为了划定自己的地盘，会通过撒尿留味的方式占有地区。为了尊重孩子的占有欲，满足孩子的占有需求，妈妈可以为孩子准备一个独立的空间，例如，有的孩子有属于自己的房间，或者有属于自己的衣柜、抽屉等。这些空间是完全属于孩子的，妈妈不会轻易进入这个空间，即使真的有必要进入，他们也会首先征求孩子的同意，然后再去孩子的私人空间做客。在这样的成长环境中，孩子的占有欲得到尊重，他们也会顺利地度过占有敏感期。

其实，占有欲并非孩子独有，而是人类与生俱来的。从这个角度而言，孩

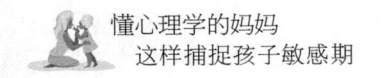

子喜欢占有是很自然的表现，妈妈完全无须紧张，而是需要对孩子理性地引导，让孩子拥有更加宽容博爱的胸怀，这样孩子自然能够顺利地度过占有敏感期。此外，妈妈还需要注意的是，处于不同年龄段的孩子，他们占有欲的表现是完全不同的。在3岁之前，因为思维能力的局限性，孩子的占有欲还没有那么强烈。等到3岁之后，孩子的思维能力得以发展，并且他们也具备一定的行动能力可以给思维能力支持，因而他们就把占有欲真正地落实到了实处。在这种情况下，父母可以引导孩子感受分享的快乐，而不要一味要求孩子不要占有，或者强制性地要求分享孩子占有的东西，否则只会事与愿违。

孩子渴望交友：人际关系的敏感期

甜甜是三岁半开始进入幼儿园小班学习的，在大概一个月的时间里，她适应了幼儿园小班的生活。有一天放学，甜甜突然兴奋地指着走在她前面的同学，告诉奶奶："奶奶，这是我的朋友。"听到甜甜这么说，奶奶觉得很新鲜，当即感兴趣地问："噢，真好，甜甜都交到朋友了。那么你告诉我，你的朋友叫什么名字呢？"甜甜小手一挥，指着朋友告诉奶奶："她叫黄桃。"这个时候，黄桃的妈妈也问黄桃："黄桃，你知道她叫什么名字吗？"黄桃看着甜甜，有些莫名其妙，她摇了摇头告诉妈妈："我不知道。"妈妈当即提醒黄桃："她叫甜甜。甜甜知道你的名字，你也记住甜甜的名字，然后你和甜甜当好朋友，好不好？"黄桃点点头。

此后的一段时间里，甜甜认识了班级里的十几个同学。每天放学，甜甜都会在校门口遇到她的朋友，因而她总是兴奋地向奶奶介绍她的朋友。在甜甜的介绍下，奶奶也认识了班级里的很多小朋友。有一天放学后，甜甜还邀请黄桃来家里玩呢！

在最初与其他小朋友交往的时候，孩子们其实并不是对作为交往对象的小朋友感兴趣，而是对小朋友手中拿着的美味食物感兴趣。在彼此交换食物的过程中，孩子与其他小朋友建立了最基本的友谊。但是随着不断地成长，孩子们无意中发现了一个秘密，那就是建立在美食基础上的友谊也会随着美食的消失而不复存在。孩子们是充满智慧的，即使没有人教他们要以交换礼物的方式去维护与他人之间的友谊，他们也能无师自通，很顺利就掌握了这种交友的方式。等到觉察食物不能长久地维系友谊之后，他们又会有新的发现，那就是玩具更有利于建立和维持友谊。就这样，孩子们凭着对友谊的本能向往，用玩具替代食物，从而与小朋友建立更长久和更稳固的友谊。通常情况下，食物一旦吃完，友谊就不复存在，而玩具则不然。和食物相比，玩具是更长久的交友工具，并且它也不会消失，因而由玩具建立和维持的友谊会更加长久。

从本质上而言，小朋友之间的友谊是通过交换初步建立和维系的。在享受玩具带来的友谊时，充满智慧的孩子们又渐渐地发现，即使是用不会消失的玩具来维持友谊，友谊也一样无法长久。因为小朋友对玩具的新鲜感和热情总是有限的，当他们对于玩具不再稀罕的时候，这段友谊也自然面临着分崩离析的局面。最终，孩子们终于发现友谊的真谛，那就是真正的友谊既不依附于食物，也不依附于玩具，而是依附于彼此之间的共鸣，比如对某一个玩具、某一个游戏都表现出共同的兴趣。正是在这样的过程中，孩子才能领悟到友谊的真谛，也更加深入地了解友谊。

对于孩子友谊的源头——交换，很多成人会觉得很有趣，也会觉得交换并不能让孩子获得真正的友谊。实际上，孩子之间的交换并不是成人所认为的那样，单纯是物品的分享，它对于孩子的意义也绝不仅是得到一件不一样的物品而已。在交换的过程中，孩子们彼此了解和认识，也通过这样的交往知道了各种关系，如人与物的关系，物与物的关系，物与环境的关系等。这些关系对于构筑孩子与外部世界之间的联系会起到积极的作用，也会对孩子的成长有很大的影响。对于交换，孩子们想得很简单纯粹，他们觉得通过与其他小朋友交换不同的玩具，能够得到快乐和满足。相比起孩子的简单，大人则想得比较多，他们会考虑到交换物品的价值等诸多因素。但即使你认为孩子与其他小朋友的交换是不等价的,也不要指责孩子,因为孩子从交换之中获得的快乐和满足是任何金钱都无法买来的。

当孩子走出家庭,开始与形形色色的人打交道,他们就必须要面临人际关系的难题。牙齿还会碰到舌头,更何况是两个成长中的孩子呢?孩子之间因为各种各样的原因发生争执很正常,甚至他们打架也不稀奇。不过,每当孩子与其他小朋友发生争执或者打闹,妈妈很难保持冷静。为了让孩子拥有良好的人际关系,也培养孩子与小朋友相处的能力,妈妈一定要控制好自己保护孩子的本能,不要过分地偏袒自己的孩子。否则,一旦妈妈强行干涉孩子之间的相处,他们之间正常的交往就会被破坏,同时也会导致原本简单的人际关系变得复杂起来。

妈妈们要记住,不管你多么爱孩子,都不可能永远庇护孩子。归根结底,孩子需要自己去面对人际关系,也要自己处理好人际关系的难题。否则,如果孩子总是在你的保护之下成长,等到不得不独自面对这个世界、处理人际关系的时候,就会陷入被动的状态。妈妈爱孩子是毋庸置疑的,但是妈妈也要理性地给予孩子适度的爱。当发现孩子总是胆小怯懦、被人欺负的时候,妈妈千万不要斥责孩子,更不要否定孩子的情绪。明智的妈妈会先接受孩子的情绪,再安抚孩子的内心,让孩子感受到妈妈的爱与支持,这会让孩子变得更加勇敢,也会让孩子在与人相处时有更多的底气和勇气。在此基础之上,妈妈要引导孩子自己寻找解决问题的办法,要让孩子学会独立地解决问题,只有这样才能彻底地解决问题。

第 07 章

4～5 岁敏感期：孩子的社会属性开始萌发和建立

随着孩子不断长大，他们不再满足于自己一个人感受世界。4~5岁的孩子能力发展更加迅速，注重自我表达，渴望获得他人的赞赏。在这个阶段，妈妈要发现孩子的兴趣爱好，引导孩子更好地展现自我，顺利地成长。

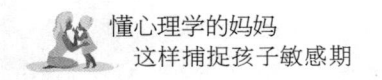

懂心理学的妈妈
这样捕捉孩子敏感期

孩子的情商很高：情感表达敏感期

有一天早晨，妈妈和爸爸正准备出门上班，爸爸已经打开门开始换鞋，妈妈正在门口喝水。就在这个时候，甜甜醒了，穿着睡衣就跑到客厅。妈妈想亲一下甜甜，为此对着甜甜噘起嘴，这个时候，甜甜看到桌子上摆放着已经洗好的桃子，只顾着拿桃子，因此对于妈妈的亲密请求没有理会。妈妈以为甜甜没有领会自己亲吻的要求，也穿上鞋子准备离开，正当妈妈换好鞋子要关上门的时候，甜甜已经拿了一个大桃子，赶紧来到门口对着妈妈噘起小嘴。妈妈赶紧俯下身亲吻甜甜，甜甜和妈妈亲了一下，这才心满意足地去吃桃子。妈妈呢，得到了女儿的吻，自然也是心情大好。

还有一天，爸爸和妈妈在午休时间去理发了。晚上回到家里，奶奶还没注意到爸爸妈妈的发型变了，甜甜就觉察到了，赶紧对爸爸说："爸爸理发了，真帅气呀！"听到女儿的夸赞，爸爸不由得暗暗惊叹甜甜的情商之高。为了考验甜甜的情商，爸爸又问甜甜："妈妈也理发了，你觉得怎么样呢？"甜甜想了想，认真地说："妈妈剪的头发很漂亮。"爸爸妈妈都被甜甜逗得哈哈大笑起来："这个小丫头情商这么高，长大了得多么招人喜爱呀。"爸爸妈妈也赶紧借此机会表扬甜甜，直夸甜甜会说话呢！甜甜心里喜滋滋的，小嘴巴也越来越甜了。

故事中的甜甜明显进入了情感表达的敏感期。在这个阶段，孩子从此前

第 07 章
4～5 岁敏感期：孩子的社会属性开始萌发和建立

只关注自身吃喝拉撒的基本需求，到现在也开始关心自身和他人的情绪、情感。在这种情况下，孩子对于情绪的感知更加敏锐，当自身的情感需求得不到满足的时候，他们也会表达，也会闹情绪。例如，当父母出差在外很久都没有回家时，积极表达情绪的孩子会给父母打电话，向父母倾诉自己的思念。而消极的孩子面对思念的情绪，也许会大发脾气，以此表达自己的不满。孩子在刚刚了解情绪的时候，往往会对成人的很多表现存在误解，如长时间看不到父母，他们会误以为父母不要他们了。这样一来，他们必然陷入焦虑紧张的状态。有的孩子还会因为长期怀有这样负面、消极的想法，导致自己情绪低落，郁郁寡欢。因此，对于这个阶段的孩子，妈妈一定要表现出更多的关心，全心全意地投入孩子的成长，给予孩子更多的陪伴。要知道，孩子的成长过程是不可逆的，如果妈妈在孩子需要的时候不能全心全意陪伴孩子，那么等到孩子长大成人，即使想要弥补孩子，也为时晚矣。

此外，有些孩子生性怯懦，性格也比较温吞，他们表达感情的方式往往是非常被动的，而且也很隐晦。在这种情况下，他们难免会对妈妈表现出"纠缠"的特性，实际上这正是孩子缺乏安全感、渴望得到妈妈关爱的表现。此时，妈妈不要对孩子不耐烦，也不要索性推开孩子，这样只会导致孩子更加缺乏安全感，同时使孩子变得敏感，内心脆弱。正确的做法是给予孩子足够的关爱，让孩子从妈妈那里得到安全感。

还需要注意的是，在情感表达的敏感期，孩子的情商也开始发展。当孩子表达对你的爱与关注时，你千万不要否定孩子的情绪表达，而应该更加积极地鼓励孩子，同时引导孩子学会表达情感与情绪。在传统观念的影响下，很多妈妈不习惯表达爱，当孩子自然地对他们表达爱的时候，他们还会觉得不好意

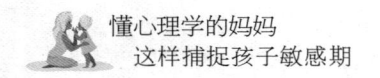

思。不得不说，这种观念和想法是落后的，妈妈对孩子的爱不仅要表现在行动上，更要挂在嘴边。妈妈每一次对孩子表达深厚的爱意，孩子都会觉得更安全踏实，也会获得更好的亲子互动体验。

好奇宝宝总是问自己从哪里来：出生和性别的敏感期

有一天，妈妈正在厨房里做饭，甜甜在客厅里看动画片，突然，甜甜跑过来问妈妈："妈妈，我是从哪里来的？"甜甜的这个问题让妈妈猝不及防，妈妈一时之间根本不知道如何回答。妈妈支支吾吾半天，只好以正在做饭为由，让甜甜先去看动画片。但是妈妈承诺甜甜晚一点会告诉她答案，看着甜甜期待的眼神，妈妈知道自己是逃不过这个难题了。

看到甜甜回到客厅去看电视，妈妈第一时间就在微信上向爸爸求助，爸爸也不知道如何回答这个问题，只好让妈妈去网上查一查，看看其他爸爸妈妈遇到这个问题的时候是如何解答的。妈妈原本想欺骗甜甜，说甜甜是从外面捡回来的，但是网上说这么做是不好的，很容易让孩子产生混乱的认知，为此妈妈否定了这一回答。妈妈查阅了很多资料，最终决定对甜甜实话实说。

做完饭，妈妈和甜甜开始安静地聊天。妈妈问甜甜："甜甜，是不是有人说你长得像爸爸，也有人说你长得像妈妈呢？"甜甜点点头，反问妈妈："为什么我和你们俩长得很像啊？"妈妈笑了，说："因为你是爸爸和妈妈一起'造'出来的呀！"甜甜感到很神奇："怎么才能造出来呢？"妈妈说："妈妈和爸爸很相爱，还结婚了，所以就想拥有一个属于我们俩的孩子。为此，我们就从爸爸身上取了一点东西，又从妈妈身上取了一点东西，然后把这两个东西像揉面一样揉在一起，这个结合体就有了生命，它不断地长大，就变成你

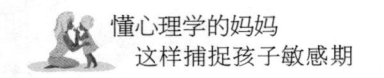

了。因为你身上既有爸爸的东西，也有妈妈的东西，所以你才和爸爸妈妈长得很像呢！"听到妈妈这样的解释，甜甜觉得很满足，笑着说："原来，我既来自爸爸，也来自妈妈呀！"看着甜甜安心的样子，妈妈很庆幸自己没有欺骗甜甜。

相信很多妈妈都曾经遭遇过孩子尴尬的提问：我是从哪里来的。实际上，这个问题并不难堪，也无须回避，而孩子也更不是故意让父母感到尴尬。只是我们在面对孩子这样的提问时，常常觉得不知道该如何回答。有一些父母更是感到困惑：孩子为何会提出这样难以回答的问题呢？当孩子提出这样的问题时，往往意味着孩子已经进入出生和性别的敏感期，他们对于自己的来处表现出浓厚的兴趣。

面对这样的问题，很多妈妈对孩子敷衍了事，甚至以谎言欺骗孩子，说孩子是从垃圾桶里捡出来的，是从河里捞出来的。这些回答千奇百怪，虽然都是父母绞尽脑汁想出来的，但是他们却没有意识到，他们回答这个问题的方式往往关系到孩子的安全感和幸福感。这个问题说简单也简单，因为它是生物学范畴内的问题，说难也难，它曾作为古老的哲学问题难倒了无数个哲学家。孩子很想知道自己的来处，这是因为他们需要从中获得安全感。当孩子问出这个问题的时候，作为最爱孩子的妈妈，一定不要回避，更不要觉得尴尬和无法回答，而要以科学为基础，通过合理的方式解答孩子的疑问。唯有采取积极的态度对待和解答这个问题，妈妈才能帮助孩子度过出生敏感期，也让孩子真正领悟生命的真谛。

在进入出生敏感期的同时，孩子也进入了性别敏感期。当孩子5岁的时候，他们对于出生和性别都会感到好奇，更表现出浓厚的兴趣。尤其是当父母告诉他们不能把身体的一些部位露出来的时候，他们更是觉得很奇怪：为何不能露出来，而且大家似乎都很重视呢？孩子对于出生、性别的敏感并非无缘无故，而是孩子在形成自我意识的过程中必然要经历的思想阶段。

　　从呱呱坠地开始，孩子们就已经在进行学习，获得性别认同了。对于孩子的好奇心，妈妈千万不要刻意逃避，更不要想各种方法来欺骗孩子，否则只会导致孩子更加好奇，孩子也不会因为妈妈的搪塞就对这个问题不再追究。此外，妈妈也不要采取撒谎的方式面对孩子的疑问，否则孩子一旦形成错误的思想认知，未来生活就会受到负面的影响，成长也会遇到障碍。妈妈为何不能以科学严谨的态度对待孩子的出生和性别问题呢？只要妈妈能够怀有正确的态度，像教会孩子认识眼睛、鼻子和嘴巴等五官一样教孩子认识生殖器官，困扰孩子的难题就会迎刃而解。此外，还需要注意的是，在给孩子讲解性别的时候，妈妈还需要对孩子进行安全教育，让孩子学会保护自己。安全问题是妈妈们最关心的，面对它时一定要警钟长鸣，这样才能最大限度地保护孩子。

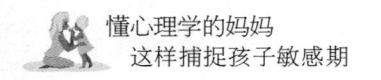

孩子喜欢听美妙的歌声：音乐敏感期

甜甜迷上了听音乐。每天早晨一起床，甜甜就打开音乐，然后随着音乐翩翩起舞。甜甜听音乐很投入，几乎达到了入神的程度。有的时候，妈妈喊她好几声，她也完全听不见。

有一天，妈妈带着甜甜去商场里玩。正巧，有一家钢琴行正在搞活动，美妙的钢琴声如水一般流淌出来，甜甜觉得兴奋极了，当即拉着妈妈凑上前去。甜甜入神地听着音乐，站在那里很久都没有离开。妈妈问甜甜："甜甜，你喜欢弹钢琴吗？"甜甜兴奋地说："喜欢！喜欢！"妈妈问甜甜："那么，我给你买一架钢琴，好不好？"甜甜当然欢呼雀跃。看到妈妈这么冲动地要买钢琴，琴行的人劝说妈妈："孩子也许正处于音乐敏感期，喜欢唱歌跳舞弹琴，一旦过了敏感期，这份对音乐的敏感和热情是否能够持续下去还是未知的。所以，不要盲目地给孩子购买钢琴，毕竟钢琴价值不菲，如果闲置会很可惜。您可以先为孩子租一架钢琴，这样既可以在孩子的音乐敏感期内培养孩子，如果孩子过了敏感期对音乐的热情衰退，也不至于浪费。"妈妈觉得琴行的人说得很有道理，因而当即给甜甜租了一架钢琴，而且约定如果未来甜甜还是喜欢练琴，再来买一架质量更好的钢琴。

当孩子处于音乐敏感期时，父母既要培养孩子对于音乐的热情，也要认识到，孩子喜爱音乐也许只是因为处于敏感期，而不是一定就具有音乐天赋，甚至未来能够在音乐上有所成就。妈妈面对孩子时一定要端正心态，不要总是对孩子有过高的期望。唯有尊重孩子成长的节奏、帮助孩子更好地成长，妈妈才能最大程度地理解和支持孩子，也给予孩子最好的陪伴。

很多人误以为新生命在诞生之初如同一张白纸，所以没有任何能量和力量。实际上，每个新生命都蕴藏着才华，所以才能在生命的历程中不断地爆发出力量。那么，孩子的这种力量是什么呢？那就是孩子们与生俱来的学习欲望。随着不断地成长，当孩子发现不同的乐器能够演奏出不同的美妙音乐时，他们也就进入了音乐敏感期，对于音乐的学习乐此不疲，非常积极主动。

三个月的婴儿，就对音乐表现出敏锐的感受力。很多细心的妈妈会发现，当怀抱着婴儿唱歌时，婴儿会很专注地感受音乐的魅力。有的时候，如果婴儿已经习惯在妈妈的怀抱里听歌，而妈妈又突然不唱了，婴儿还会生气地哭起来，以此表达自己的不满。而当妈妈再次唱起熟悉的歌声，他们很快就会变得安静下来，在妈妈的怀抱中安然享受着妈妈给他们带来的温暖和爱。如果经常听到歌曲，或者是妈妈有意识地教孩子唱歌，那么两岁左右的孩子就能学会一首简单的歌曲，如《世上只有妈妈好》。到了三四岁，孩子还可以自主地学习唱儿歌，很多父母会发现，孩子不知不觉中就跟着动画片学会了好几首儿歌。孩子在唱歌的时候总是很投入，他们对于音乐的感知绝不粗浅，而是在全身心投入地唱歌，学习歌曲，感受旋律和节奏的美。

心理学家在针对不同年龄段的孩子进行研究之后发现了一个规律：两岁的孩子能够把握简单的节奏；三四岁的孩子可以重复简单的节奏和旋律；五六岁的孩子会挑选自己喜欢的歌曲吟唱，而且配合音乐的节奏，做出恰当的动作；六岁之后，孩子开始懂得欣赏音乐，在听到喜欢的音乐时，会情不自禁地沉浸其中，从而让自己在音乐方面的表现更加优秀和突出。当发现孩子进入音乐敏

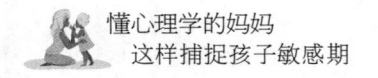

感期的时候，妈妈应该为孩子营造感受和学习音乐的良好环境，从而让孩子在音乐中成长，也让孩子在音乐之中变得更快乐，心灵更充实。

　　音乐可以陶冶情操，也让人在音乐的熏陶中发展智力。如果妈妈发现孩子在音乐方面有一定的天赋，还应该有意识地培养孩子的音乐天赋，引导孩子更好地成长和发展。大部分孩子的音乐敏感期都在四岁左右出现，妈妈要有意识地捕捉孩子的音乐敏感期，为孩子未来在音乐方面的发展奠定基础，做好准备和铺垫。

第 07 章
4～5岁敏感期：孩子的社会属性开始萌发和建立

我的名字是××：儿童身份确认敏感期

每个新生儿呱呱坠地的时候，都以为自己与这个世界是一体的。然而随着时间流逝，他们渐渐长大，到了四五岁的时候，世界在孩子眼中变了模样，再也不是他们刚出生时看到的样子。但这其实不是世界改变了，而是孩子看待世界的视角改变了。孩子在生命力的驱使下，感受到一个全新的世界，也感受到自己的存在，所以他们迫不及待地想要探寻自己与这个世界之间的关系。看起来，这个问题对于孩子而言似乎太过深奥，但是这是生命的自然力量使然，也恰恰是在这个过程中，孩子们才开启了生命之旅的崭新阶段。

在此之后的人生中，孩子们必须要完成两个重要且关键的任务。第一个是建立自我形象和他人形象，并且不管是自我形象还是他人形象，都应该是持续稳定的。第二个是进行客观的自我评价，既认识到自己的缺点和不足，也认识到自己的优点和长处，从而才能满怀信心，建立自我意识。

我们再爱孩子，也不可能陪伴孩子一辈子。孩子三岁之前，妈妈还可以更多地陪伴在孩子身边，无微不至地照顾孩子，但是当孩子三岁之后，他们必须走出家门，去到幼儿园参与集体生活。也就是说，随着不断成长，父母不在孩子身边的时间会越来越多，在这种情况下，孩子如何才能获得安全感呢？他们已经长大，不能再像小时候一样一旦发现妈妈不在身边就大声哭泣。为此，渐渐走向独立的孩子必须为自己建立一个强大的内心形象，从而给予自己勇气和

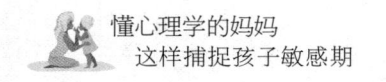

毅力，勇敢地面对这个世界。在这种情况下，孩子们需要追寻"我是谁"的问题，从而才能在成长的道路上走得更好。

妈妈们都有过孩童时初入幼儿园的经历，也知道孩子在最初进入幼儿园的时候，内心是惶恐不安且很无助的。但这也属于人之常情，别说是孩子了，就算是成人，在面对突然失去依赖环境的情况时，也会感到十分艰难。可想而知，在这种情况下，孩子们一定在内心渴望自己能够变得高大威猛，就像超级英雄，就像无所不能的神仙。因而在这个阶段，孩子们很喜欢把自己打扮成喜欢的强大形象。例如，有的女孩找一块雪白的纱巾披在身上，说自己是白雪公主；有的男孩找一块床单披在身上，说自己是超人。其实不仅孩子会崇拜偶像，很多成人也有偶像。在崇拜偶像的过程中，孩子不断成长，也让自己的精神变得更加强大起来。

当看到孩子打扮成奇异的形象出现时，很多妈妈都会感到奇怪，因而制止孩子的行为。实际上，既然孩子的行为没有影响到任何人，而且对于他们的身心发展和身份确认有很大的好处，妈妈又为何要禁止孩子把自己装扮成想象的样子呢？

在身份确认敏感期，很多孩子都会有偶像，而且他们会全心全意、拼尽全力地模仿偶像。也许孩子的行为表现在成人眼中很怪诞夸张，但是对于孩子而言，这一切都再正常不过。他们通过幻想来确定自己的身份和位置，他们也通过崇拜和模仿偶像来不断地成长。当然，在进入身份确认敏感期的高潮之后，孩子未必只会模仿一个偶像，而很有可能同时学习很多个偶像。这样一来，孩子就可以集合众多偶像所长，从而不断地提升和完善自己，也给自己的成长带来更多的精神力量。当几个孩子崇拜同一个偶像的时候，他们还有可能在一起做游戏，扮演不同的角色，重复偶像曾经经历的情节。

除了影视剧中虚拟的偶像，孩子们还会崇拜现实生活中的人，并且将他们作为自己的偶像。例如，有的孩子崇拜老师，有的孩子崇拜爸爸，也有的孩子崇拜小伙伴。身边的模范榜样，对于孩子的成长会起到更加积极的引导作用。孩子如果崇拜身边的人，同时每天又与身边的人朝夕相处，那么他们就会在潜移默化中模仿偶像的诸多表现，也会在与偶像不断相处的过程中汲取精神上的力量和勇气。正因为偶像对于孩子的成长有如此神奇和巨大的作用，明智的父母恰恰可以抓住孩子身份确认敏感期，借助偶像的力量，引导和影响孩子。有的时候，偶像的作用还能帮助孩子改掉很多缺点，也能激发孩子内心的潜在力量，从而帮助孩子健康成长。

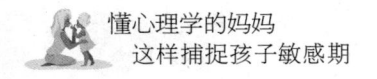

懂心理学的妈妈
这样捕捉孩子敏感期

孩子喜欢涂鸦：绘画敏感期

在三岁半的时候，甜甜有一段时间特别喜欢绘画，每天都拿着彩笔给涂色本涂色。在坚持练习的过程中，她涂色涂得越来越好，而且也能画出简单的形状了。有一次，她画了一只鸟，看起来还真像一只凤凰呢！后来，甜甜不太愿意画画了，也许是觉得累了，对于涂色也没有那么感兴趣了。奶奶对此还感到纳闷儿。

四岁半的时候，甜甜突然又对画画表现出浓厚的兴趣。有一天，甜甜在妈妈为她准备的画板上，画了一个像苹果的简笔画。妈妈问甜甜："甜甜，你画的是什么呢？"甜甜当即拿起笔继续给苹果涂上各种颜色，然后告诉妈妈："妈妈，我画的是彩色樱桃。"听到这个名字，妈妈觉得很新奇，不知道甜甜为何突然想起来画樱桃，因而问甜甜："甜甜，你为什么要画樱桃呢？"甜甜说："因为樱桃很好吃。"妈妈继续问："甜甜想吃樱桃吗？"甜甜点点头，说："想！"第二天，妈妈买来樱桃，甜甜果然吃了很多樱桃，原来甜甜是馋樱桃了呀！

人们常说，日有所思，夜有所梦，对于孩子而言，也许是想到要吃什么，手里就会不知不觉画出什么。事例中的甜甜突然画了一个五彩樱桃，十分漂亮，妈妈意识到甜甜应该是想吃樱桃了。果然，甜甜真的馋樱桃了，因而吃了很多樱桃。很多孩子都无法意识到他们的画正是潜意识的表现，因此，妈妈要了解孩子的绘画语言，才能真正走入孩子的内心。为了激发孩子的绘画热情，发展孩子的绘画能力，也帮助孩子发展智力，妈妈还可以为孩子创设有助于发展绘画兴趣的天地，让孩子尽情地画。

在半岁之后，一岁之前，婴儿就能够通过手指的相互配合，从而拿起来细小的东西。手指的精细活动，为孩子未来的书写和绘画奠定了良好的基础。正是在此前提下，很多孩子一岁多就能够拿笔。然而，因为他们的手部肌肉发育还不够完善，手部力量也不够大，所以他们常常请求父母为他们绘画。等到两岁之后，孩子可以进行简单的绘画，如画线条、圆圈、符号等。尽管孩子的绘画能力有限，但是他们拥有绘画的热情，因此依然对绘画全身心投入，怡然自乐。随着年龄的增长，孩子的绘画能力也得以提升，但是对于三岁之后的孩子画出来的画，父母依然会觉得一头雾水，根本不知道孩子画的到底是什么。这个阶段，孩子绘画之前是没有构思的，但是他们会根据自己画出的形状，联想到某些形象，从而告诉父母他们画的是什么。例如，他们画了一个椭圆形说是妈妈，这个椭圆形四周还有四条短短的线条，他们解释那是妈妈的手脚。通过孩子的解释，爸爸妈妈的确能够大概联想到孩子所画的形象，但是如果孩子不说，他们绝对想不到孩子画的是什么。

在四岁之后，六岁之前，孩子们开始有意识地绘画，他们会画出自己印象中最深刻的东西。在此期间，孩子的绘画能力得以快速提高，他们甚至能够画出自己所知道的东西。例如，孩子最爱吃樱桃，他们很容易就能画出樱桃，而且看起来还有模有样的。六岁之后，孩子的绘画立意明显变得更加深刻，他们的画从粗犷的风格转化为细致入微的风格，而且他们能够把自己的心情和感受也表现在绘画上。不得不说，孩子们天生就有绘画的能力，正因为如此，他们对于绘画才那么热情和痴迷。在绘画的过程中，孩子们听从心的召唤，更加贴

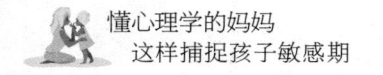

近自己的心灵，也可以说，绘画让他们觉得非常轻松和自然，也让他们更加感受到自己的力量。

需要注意的是，这个阶段的孩子自控能力还比较差，是非观念也没有那么强烈，往往缺乏自制力。当对于绘画的热情很大的时候，他们往往会控制不住自己，拿起画笔四处乱画。在这种情况下，妈妈一定不要立即禁止，否则就会影响孩子的绘画热情，也会导致孩子的绘画发展受到限制。

也许孩子的画不能得到所有人的喜爱与欣赏，但是妈妈一定要承担起欣赏孩子绘画热情和作品的重要角色，这样才能让孩子在艺术的海洋里尽情地遨游。妈妈还要记住，没有孩子生而就是大画家，每个孩子都要经历乱画的过程才能有意识地绘画，并能创作出绘画的作品。妈妈要有耐心，要真心地欣赏和期待孩子的各种表现，这样才能激励孩子不断成长，也发展孩子自身各个方面的能力。绘画是孩子的语言，当妈妈真心深入孩子绘画的天地，就能从中了解孩子丰富多彩的内心世界。

什么是结婚：婚姻敏感期

有一天，妈妈从幼儿园接甜甜放学，甜甜突然一本正经地告诉妈妈："妈妈，我要结婚了。"妈妈简直下巴都要惊掉了，问："你要和谁结婚？"甜甜说："当然是和爸爸啊，我要和爸爸结婚了。"妈妈不由得笑起来，反问甜甜："但是妈妈已经和爸爸结婚了，你还怎么和爸爸结婚呢？"甜甜很生气地对妈妈说："你不能和爸爸结婚，我要和爸爸结婚。"妈妈无奈，只好说："好吧，那你就和爸爸结婚吧！"

回到家里，甜甜刚看到爸爸，就扑到爸爸怀里，搂着爸爸的脖子，亲昵地说："爸爸，我要和你结婚。"妈妈嗔怪道："怪不得人家都说闺女是爸爸上辈子的情人，你看看吧，你闺女才这么小，就要和你结婚。"爸爸说："哈哈，你吃醋啦。你又不是不知道，甜甜现在五岁，已经进入婚姻敏感期，因为她很崇拜爸爸，觉得全家就属爸爸最高最强壮，所以她当然想和爸爸结婚了。"

事例中，甜甜进入了婚姻敏感期，所以才会提出要和爸爸结婚。有的时候，孩子对于自己的"结婚对象"还会表现出更深厚的爱意呢。他们会把自己喜欢的东西分享给"结婚对象"，即使对别人很小气，对于"结婚对象"也绝不小气。尤其是女孩，在进入婚姻敏感期之后还会对白纱裙特别感兴趣，因为在她们幼小的心中，只有美丽的新娘才能穿上漂亮的白纱裙。

看到这种情况，很多不知道婚姻敏感期的妈妈会误以为孩子是早熟了，甚至觉得孩子因为受到了影视剧的不良影响，所以才说出这样羞耻的话来。实际上，这不是早熟，而只是在经历正常的生命历程——婚姻敏感期。孩子的婚姻敏感期建立在他们对自己的出生、性别的了解之上，他们对于异性会有特殊的感觉，对于自我也怀有强烈的好奇心，他们就会萌生出对婚姻的憧憬和渴望。妈妈需要知道的是，这么小的孩子并不懂得成人的爱情和婚姻，他们只是在性别意识逐渐形成的基础上对异性产生好感。尤其是对于四五岁的孩子，他们正在探索和了解更复杂的人际关系，而从小就在家庭生活中长大的他们对于婚姻生活耳濡目染，所以自然把婚姻排在他们向往的第一位。从本质上而言，婚姻是社会生活中的人际组合形式，当孩子逐渐认识婚姻，意味着他们开始了解社会组织形式。

除此之外，孩子的感情是非常简单纯粹的，他们之所以要和某个人结婚，是因为他们喜欢这个"结婚对象"，所以用选定对方为结婚对象的方式表达自己的喜爱和感情。孩子们会提出要和自己的爸爸妈妈结婚，还有的孩子因为和爷爷奶奶接触的时间比较多，还会提出要和爷爷奶奶结婚。如果在幼儿园里有喜欢的同伴，他们也会选择和同伴结婚。从心理学的角度而言，这是孩子对美好感情的向往和憧憬，象征着他们对真善美的追求，这无可非议。随着年纪的增长，妈妈们会发现有些孩子还在一起玩起了过家家的游戏，他们中有人扮演爸爸妈妈，有人扮演孩子，这也表现出孩子对于婚姻这种人际组合形式的向往与渴望。

随着不断地成长，孩子还会意识到父母和自己是不一样的，父母是大人，自己是孩子。有了这种意识之后，孩子不再闹着要和父母结婚，而是会"移情别恋"，喜欢上自己的同龄人，如朋友或者同学。其实，孩子经历婚姻敏感期是很好的成长过程，如果孩子错过了婚姻敏感期，那么当他们长大成人面对婚姻时，就会感到非常迷惘。所以不管孩子的"结婚对象"是谁，妈妈都要抓住婚姻敏感期这个关键阶段，对孩子进行启迪和引导，也让孩子意识到爱情是美好的人类感情，结婚是组建家庭的方式。

第08章
5～6岁敏感期：融入集体开始适应社会

　　五六岁的孩子已经习惯了幼儿园里的生活，他们开始真正地走出家庭，开始适应社会生活，真正成为社会的一分子。在六岁之后，孩子进入小学一年级，这个阶段对于孩子一生的成长都有至关重要的意义。在这个阶段，父母要注重培养孩子遵守社会规则，也要引导孩子进行积极的学习，这对孩子是非常重要的。

孩子喜欢猫猫狗狗：自然敏感期

周末，爸爸妈妈带着妹妹甜甜和哥哥乐乐去花鸟虫鱼市场。原本，妈妈是准备去买一些花的，没想到，甜甜一看到小仓鼠、小白兔就走不动了。她饶有兴致地观察小仓鼠，还伸出手去摸一摸小白兔。看到甜甜这么喜欢小动物，妈妈思来想去决定给甜甜买两只小仓鼠，因为小仓鼠长不大，比较容易养，如果买一只兔子，随着它越长越大，家里根本没有地方能放。

甜甜还特别喜欢小狗，她缠着妈妈给她买一只小狗。妈妈一本正经地对甜甜说："甜甜，如果你喜欢小狗，我们可以经常来看它们，但是你不能买一只小狗。咱们住在高楼，家里没有院子，不能养小狗。只有有院子的人家才能养小狗。"看到妈妈说得斩钉截铁，甜甜只好接受了妈妈的建议。不过，甜甜还是和妈妈约定："妈妈，那么每个月你都带我来看一次小狗，好不好？"妈妈点点头，说："妈妈还可以带你去动物园，这样你就能看到河马、熊猫和其他动物了，好不好？"甜甜这才笑了起来。

到了五六岁，孩子对于大自然会表现出特别浓厚的兴趣，这就意味着孩子进入了自然敏感期。如果孩子对大自然感兴趣，他们就会对花花草草，对各种生物都感兴趣。其中，最能够吸引孩子注意力的无外乎小动物，尤其是那些娇小的动物，更是会吸引孩子的注意力，同时也会激发孩子的保护欲。他们会耐心细致地照顾这些小动物，还把自己称为"妈妈"或者"爸爸"，煞有介事

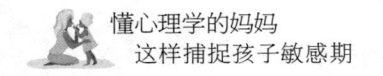

地为小动物起名字，他们仿佛真的有了一个孩子。除此之外，孩子还会留意到花开、草木发芽等大自然中的神奇现象。在这个阶段，父母一定要有耐心和爱心，要和孩子一样对大自然充满浓厚的兴趣，同时也要学会顺应孩子的行为，和孩子一起去爱护花花草草，爱护小动物。在此过程中，原本习惯了接受父母照顾的孩子会越来越有爱心，也能够耐心地照顾自己喜爱的生物。

从生命的角度而言，孩子对于大自然的热爱可以帮助他们了解生命的起源和历程，也可以让他们更加从容地面对这个世界。随着不断地成长，孩子对于生命越来越感兴趣，他们的探索欲望变得更加强烈，除此之外，他们还希望通过对大自然的探索，研究生命的真相。从本质上而言，人类也是大自然的一个重要成员，因而孩子在还没有成长为成熟的社会人之前会有很多的自然属性。为此，父母一定不要限制孩子亲近大自然，唯有在与自然亲密接触的过程中，孩子才能更加健康茁壮地成长。

很多父母担心小动物身上带有的细菌会使孩子生病，导致孩子的健康受损。还有的父母担心，孩子连自己都照顾不好，又如何能够照顾小动物呢？实际上，父母要相信孩子的能力，要相信孩子是可以照顾好小动物的。当发现孩子照顾小动物很吃力时，父母还可以给孩子提供便利的条件，或者教会孩子照顾小动物的方法，甚至可以帮助孩子一起照顾小动物。这样一来，随着孩子照顾小动物的能力渐渐地增强，他们甚至可以很好地照顾自己。对于孩子而言，很多事情有一个从"不会"到"会"的过程，父母不要阻止孩子亲近小动物，否则就会阻碍孩子探索大自然、探索生命的脚步。其实，只要注意卫生，孩子的安全就能得到保障，当然这方面的工作是需要父母用心去做的。世界上的很多事情有风险，但是人不能因为风险就完全地封闭自己。只有怀着开明的态度，孩子的眼界才会更开阔，孩子也才会有更好的成长和发展。

孩子擅长玩数字游戏：数字敏感期

在人类的智能结构中，有一个至关重要的基础能力，那就是数学能力。在对大自然展开探索的过程中，人们首先要认识各种数量关系，也要深刻了解物品的形状和空间关系。在此基础上，人们才能对自然有更加深入的认知，也才能利用空间概念对大自然进行积极有效的改造。需要注意的是，数学能力并非与生俱来的，新生儿在呱呱坠地的时候对于数字根本没有概念。只有通过后天坚持不懈地学习，接受一定的数学训练，孩子们的数学能力才能得以发展。

到了五六岁，经过一段时间的学习和对这个世界的深入了解，孩子们的智力水平也与日俱增。如果说孩子们此前只能理解具体形象的世界，那么在智力提升之后，他们也开始认知抽象的符号。正是在做好这些身心发展的准备之后，孩子们才开始对抽象的数字感兴趣，也才真正地进入数学敏感期。父母一定要敏锐地觉察到孩子数学敏感期的到来，只有这样才能抓住这个关键时期，启迪孩子的数学思维，同时也对孩子进行有效的引导。数学是人类各门学科中的基础学科，启迪孩子的数学思维、培养孩子对数学的兴趣，这对于孩子的一生都会起到积极而又重要的作用。

和其他敏感期一样，不同孩子数学敏感期出现的时间是各不相同的。很多孩子比较早慧，他们小小年纪就认识数字，还会数数，甚至还能进行简单的加减法运算。而有的孩子对于数字很不敏感，他们的数学敏感期出现得非常晚，到了六七岁还不会数数，更不会进行简单的加减法，这导致他们在进入一年级之后数学学得很吃力。看到这种情况，有些父母也许会感到困惑，既然孩子的数学敏感期有可能出现得那么早，那么是否可以通过人为刺激来开发孩子的数学思维能力，让孩子尽早进入数学敏感期从而在学习上先行一步呢？当然不行。通过父母的教授，很多孩子的确掌握了一些数字，但是这并不意味着孩子已经具备数学思维。很多时候，孩子只是通过强化练习和记忆，记住了抽象的数学符号，但他们完全不知道这些符号的真实含义。假如父母的强化训练终止，孩子就会忘记那些对他们没有任何意义的数学符号，这样的训练是在揠苗助长，也是毫无意义的。与其人为地打破孩子成长的规律，不如尊重孩子内心的节奏，让孩子按部就班地成长。

此外，孩子也是会察言观色的，有些孩子很小的时候就会看父母的脸色。如果父母在孩子掌握了一些数学符号后就满面笑容地夸赞孩子，并且给予孩子物质上的奖励，那么孩子就会为了讨好父母，而更加主动地做很多迎合父母的事情。这也是很多孩子能够强制自己记住数学符号的原因。归根结底，对于数字符号的掌握只是孩子成长的表面现象，更重要的是，孩子要发展自己的数学能力，只有数学能力才是孩子学习数学的动力。

在培养孩子数学思维的过程中，父母要更加了解孩子思维发展的规律。孩子的思想意识发展总是要经历从具体到抽象的过程，因而父母必须准确地判断出孩子的思维能力是处于具体思维阶段还是抽象思维阶段，只有这样，父母才能更好地引导孩子发展思维，增强孩子的思维能力。与此同时，为了培养孩子的空间感，父母还可以陪着孩子进行一些能够锻炼和提升空间感的游戏，如堆积木、走迷宫等，这类游戏都能卓有成效地提升孩子的空间思维能力。在日常生活中，有很多地方能用到数学，为了让孩子对数学拥有持续的热情，父母还可以抓住各种机会让孩子发挥数学能力，让他们经常进行计算或者思考。当孩子能够学以致用的时候，他们一定觉得很新奇，也会对学习数学更加充满兴趣。

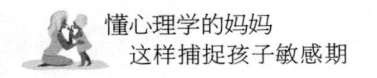

懂心理学的妈妈
这样捕捉孩子敏感期

遵守规则才是好孩子：社会规则敏感期

转眼之间，甜甜即将升入幼儿园大班，她已经是一个大孩子了。妈妈发现，在幼儿园的学习生活中，甜甜学会了很多知识，尤其是她更懂得遵守社会规则了，这让妈妈倍感欣慰。不过有的时候，甜甜也会对遵守社会规则表现出一定的执拗，这不仅让妈妈哭笑不得，也让她不知道该如何对待"固执"的甜甜。

在一个周末，妈妈带着甜甜去超市购物，还没买什么东西呢，爸爸就来电话，说要接妈妈和甜甜一起去别人家里做客。妈妈赶紧把挑选的东西放回原处，但是因为甜甜要喝水，所以妈妈就留下了一瓶水。因为在超市楼下不方便停车，所以爸爸在电话里催得很急。妈妈看到前面还有七八个人呢，因而和排队的人商量能不能让她先结算一下。排队的人都很和气，他们同意让妈妈先结算，因此妈妈急急忙忙地拉着甜甜往队伍前面走，想要结账出去。这个时候，甜甜突然拖拉着不愿意朝前走。妈妈问甜甜怎么了。甜甜的眼睛里含着眼泪，委屈地说："妈妈，你要排队。"妈妈和甜甜解释："甜甜，爸爸正在楼下等咱们，而且他没有地方停车。妈妈已经和大家说过了，咱们就一瓶水，我们先结账出去。"甜甜还是坚持自己的意见："妈妈你必须排队，老师说不能插队。"妈妈继续和甜甜解释，但是甜甜对于妈妈的解释置若罔闻，仍然对妈妈不依不饶。无奈之下，妈妈只好乖乖地站在队伍的最后面耐心地等着队伍前进。大概等了七八分钟，终于轮到妈妈结账了，这下子，甜甜高高兴兴地和妈妈一起结账，然后飞快地奔向楼下找爸爸。

孩子从没有排队意识到开始主动坚持排队，这期间的进步是很大的。对于父母而言，发现孩子进入社会规则敏感期，而且开始主动遵守规则，就一定要尊重孩子守规则的意识，同时也要支持孩子遵守规则。这样一来，孩子才能更乐于遵守规则，也真正地养成遵守规则的好习惯。常言道，好习惯让人受益终身，对于孩子而言，好习惯也有利于他们的成长。所以父母一定要抓住孩子的社会秩序敏感期，并且培养孩子遵守规则的意识，帮助孩子养成遵守规则的好习惯。唯有如此，孩子在未来的成长中才会更加顺遂如意，孩子的人生也才能因为遵守规则更加秩序井然。

细心的父母会发现，在成长的过程中，孩子会模仿父母的很多行为，实际上，这正是孩子学习的过程。他们会模仿父母扫地擦桌子，甚至模仿父母说话，他们还学着父母的样子打电话。在这些琐碎的细节中，孩子渐渐地成长，也会变得越来越成熟稳重，逐渐融入集体和社会。在此期间，孩子的自我意识也在不断地发展，他们的自尊心越来越强，并且希望得到他人的尊重和平等对待，也希望自己在很多事情上的表现能符合社会的预期。每当觉得自身的权益受到侵害的时候，他们就会很失望、很伤心。为此，他们往往做出过激的行为，甚至比成人在权益受到威胁的时候表现得更有力量，更加激烈。这一切的表现都意味着孩子已经进入社会规则敏感期。在此阶段，他们最大的愿望就是希望自己能够被当作成人对待，同时也希望自己真正成为集体的一员，得到成人的尊重和理解。

在社会规则敏感期，孩子从接受父母无微不至的照顾，到渐渐地发展自我意识，他们也很想锻炼自己各个方面的能力。为此，他们不再愿意凡事都被父母包办，而是想要从容地做自己该做的事情，同时也理性地发展自身的能力，

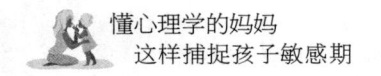

提高自身的水平。明智的父母在意识到孩子进入社会规则敏感期之后，不会再一味代替孩子去做每一件事情，而是会抓住这个关键时期，有的放矢地帮助孩子发展能力。例如，他们会让孩子做自己力所能及的事情，让孩子在家庭生活中承担起自己的责任，只有这样才能让孩子更加理性从容地面对成长。每一个孩子的成长都是一个漫长的过程，他们做每一件事情都是从"不会"到"会"的。在此期间，父母一定要多多地激励孩子，而不要总是肆意地打压孩子。否则，不仅会伤害孩子做事情的积极性，也会导致孩子不愿意继续努力地成长。唯有用心呵护孩子脆弱的内心，父母才能成为孩子成长的陪伴者，也才能最大限度地激发出孩子对待生命的热情，同时让孩子充满力量地成长，充满热情地面对人生。

孩子总爱问为什么：探索敏感期

有一天，六岁的彤彤正在画画，当在选择用什么颜色画天空的时候，她陷入了沉思。一旁的爸爸饶有兴趣地看着彤彤陷入沉思的样子，他没有打扰彤彤，而是始终在观察彤彤。思考片刻之后，彤彤突然问爸爸："爸爸，天空为什么是蓝色的？它可以是绿色或者橙色的吗？它也可以是红色的吧？"爸爸没想到彤彤会提出这么深刻的科学问题，因而当即一本正经地对彤彤解释："彤彤，你这个问题提得特别好，这说明你已经开始开动小脑袋用心思考了。实际上，太阳的光不是单一的一种颜色，而是由红、橙、黄、绿、蓝、青、紫组成的，它是复合光。"听完爸爸的回答，彤彤更加困惑了："那为什么我们只能看到蓝色呢？其他的颜色难道被蓝色消灭了吗？"

看着彤彤的思考更加深入，爸爸不由得喜上眉梢："你这个小家伙提出的问题还真犀利，如果爸爸缺少物理知识，只怕还无法回答你这个问题呢。其实不是其他的光被消灭了，而是蓝色的光发生了散射现象。在天空中，因为其他的光波长较长，所以它们能绕过尘埃，而波长较短的蓝光却会被尘埃挡住，这便导致蓝色的光发生了散射现象。这样一来，天空就会呈现出蓝色。"听完爸爸的回答，彤彤若有所思，很久都没有说话。爸爸当然知道，以彤彤现在的认知和理解水平，她还不能完全理解这段话。为此，爸爸特意找了一个关于光的折射的视频，播放给彤彤看。果然，视频的动画吸引了彤彤，而且视频中深入

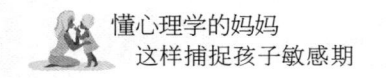

浅出的讲解也让形形形象地理解了天空为什么是蓝色的。解开心中疑惑的形形高兴极了。

面对五六岁的孩子,父母常常会觉得不知所措,因为这个年纪的孩子喜欢追着父母问"为什么",而父母常常会被难住,并因此感到很尴尬。面对孩子永无休止地提问"为什么",父母有时因为不知道如何回答,以敷衍的态度搪塞孩子。殊不知,对孩子的成长而言,这样的搪塞有很大的坏处,它不但会伤害孩子求知若渴的心,而且会伤害孩子学习的热情。明智的父母应该知道,对孩子而言,这个世界是一片全新的天地,孩子对世界充满好奇,他们强烈地想要知道每一种事物的名称,也想了解很多事情的原理。随着学习到的知识越来越多,孩子们心中的疑惑也会越来越多。当孩子还小的时候,他们还不会利用各种工具书查找答案,也不能从其他渠道知道自己想了解的知识,由于他们从小就崇拜父母,所以自然会把父母当成是能够解答他们一切疑问的"百科全书",因而孩子以"为什么"对父母展开连环轰炸也就不足为奇了。

花儿为什么这样红?太阳为什么从东边升起,从西边落下?夜晚的天空中为什么有那么多星星?这些都是孩子想要了解的内容。在这些问题中,有些问题的答案父母是知道的,但有些问题父母根本无法作答。很多父母觉得在孩子面前承认自己在某些方面的无知很丢人,实际上,这完全是正常现象,因为父母也是人,不可能无所不知。当父母坦然地告诉孩子自己不知道如何回答某个问题时,父母在孩子心目中的形象并不会受损,而父母借助这个机会告诉孩子学无止境、知识是无涯的,孩子就会很乐意与父母一起探讨自然的真相。当然,对于年幼的孩子,父母可以和他们一起思考答案,而对于年纪稍大一些的孩子,父母就可以教会他们如何使用工具书,或者告诉他们其他获取知识的途径,这样一来,孩子就能渐渐地学会如何学习新知识,也会更加快速地成长起来。

在成长过程中，孩子在两个时期里会非常热衷于提问。第一个时期出现在孩子三四岁的时候，这个年纪的孩子对于很多事物不了解，因而他们常常问父母"这是什么""那是什么"。等到五六岁的时候，孩子进入第二个热衷提问的时期，在这个时期里，孩子最喜欢问"为什么"。从孩子提问的方式来看，显而易见，这个时候他们已经开始探究事物的内在和真相了，而不是三四岁的时候那样仅仅会认识事物。毫无疑问，随着不断地成长，孩子思考的深度更深，他们提问的难度也在不断增加。当发现孩子尤其喜欢问"为什么"时，父母千万不要觉得厌烦，而要为孩子进入更深层次的学习而感到高兴。

总而言之，在孩子的探索敏感期，面对孩子所提出的"十万个为什么"，父母一定要端正态度，用心对待和回答孩子的提问，这样才能达到事半功倍的效果。

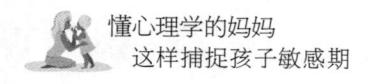

书里有很多有趣的事：阅读敏感期

有一天晚上，妈妈给甜甜洗完澡之后，自己也开始洗澡。等到她洗完澡出来之后，发现甜甜没有坐在阳台的吊篮上看动画片，妈妈不由得很担心。妈妈找遍了家里所有的房间，最后发现甜甜在哥哥的房间里坐着呢，而且她和哥正一起捧着一本书津津有味地看着。妈妈感到很惊喜，因为虽然哥哥三四岁的时候就很喜欢看书，但是甜甜一直没有对阅读表现出兴趣过，因而妈妈当即表扬甜甜："甜甜真棒，在和哥哥一起看书呢。甜甜要向哥哥学习，要和哥哥一样爱看书，好不好？"甜甜点点头，指着书中的画对妈妈说："妈妈，看，书里还有一棵大树呢！"就这样，在哥哥的带动下，原本痴迷于看动画片的甜甜渐渐地爱上了看书。

妈妈为甜甜买了很多经典的绘本，有的时候，哥哥也会给甜甜讲故事。为了营造良好的阅读氛围，妈妈还要求爸爸晚上也不要看电视。就这样，全家四口人每天晚上都有亲子阅读时光，并且在爸爸妈妈和哥哥的影响下，甜甜也越来越喜欢阅读了。

五六岁的时候，孩子进入了阅读敏感期，在这个阶段，细心的父母会发现孩子们对于阅读的热情空前高涨，而且他们会特别积极主动地阅读，特别爱阅读。从心理学的角度而言，当孩子处于不同的敏感期，他们会对相应的事情表现出浓厚的兴趣，正是因为兴趣的激励，他们在做喜欢的事情的时候才不会觉得辛苦和劳累。正因为如此，父母一定要抓住孩子的阅读敏感期，在此阶段培养孩子的阅读兴趣，让孩子真正地爱上阅读。

众所周知，阅读能对孩子的成长起到至关重要的作用，爱阅读的孩子才能打开认知世界的窗口，从书籍中学习到更多的知识，同时也开阔自己的眼界和心胸。爱阅读的孩子即使足不出户也能了解整个世界，也能够在书中跟随文字的指引熟悉中华上下五千年。

总而言之，爱阅读的孩子多了认知和了解世界的途径，他们读到的书越多，他们越是能够开阔眼界，充实心灵，其人生自然也与众不同。

当然，五六岁时的阅读敏感期其实已经是孩子经历的第二个阅读敏感期。孩子最早的阅读敏感期出现在三岁前后，在第一个敏感期内，孩子还不认识很多字，为此，他们只能请求父母读书给他们听了或者看一些简单的绘本。度过这个敏感期之后，孩子们来到第二个阅读敏感期，在此阶段，孩子们已经认识了很多字，他们可以做到半独立阅读，因而他们对于阅读的兴趣会更加浓厚。

作为父母，一定要注意的是，虽然孩子大多数的敏感期是不请自来的，但是阅读敏感期却不同。只有父母提供阅读的环境给孩子，再刺激孩子对于阅读的兴趣，孩子才会顺利地进入阅读敏感期。换言之，假如家庭里没有读书的氛围，或者孩子根本没有机会接触到图书，那么就会导致孩子阅读敏感期的推迟，甚至他们还有可能错过阅读敏感期。如今有很多年轻的父母在孩子很小的时候就会引导孩子读书。市面上有很多适合不同年龄段的孩子阅读的书，就连几个月的婴儿也能找到书读，只要父母有心，总是可以带领孩子顺利地进入阅读敏感期，并且培养孩子爱阅读的好习惯。

需要注意的是，学龄前的孩子往往缺乏意志力和自制力，因此，他们很难靠着理性去约束自己主动地阅读。明智的父母知道仅靠着强迫孩子阅读是不可

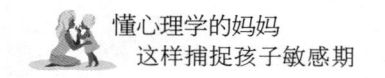

行的，其实培养孩子的阅读习惯最关键的点在于要培养孩子的阅读兴趣。要想培养孩子的阅读兴趣，一味告诉孩子阅读有什么好处显然是行不通的。父母要为孩子营造良好的阅读氛围，以身示范，给孩子树立好榜样。这样一来，孩子才能向父母学习，在父母营造的浑厚的书香氛围中坚持读书，渐渐地领略到阅读的乐趣，从而坚持阅读，养成阅读的好习惯。

  阅读敏感期过去之后，紧接着出现的就是书写敏感期的高峰。实际上，孩子在三四岁的时候就进入书写敏感期，而在五六岁的时候，他们会进入书写敏感期的高峰。在书写敏感期里，每个孩子的表现都是不同的。书写敏感期出现的时间有早有晚，不同的孩子在书写敏感期的表现有的明显，有的不明显。大多数孩子在书写敏感期里要经过一个相似的过程，即一开始他们还无法很好地控制笔，只能用笔在纸上不规则地胡乱戳点。随着手部力量的增强，手部的动作也更加精细灵活，他们渐渐地可以在纸上画直线。尽管他们画出来的直线一点都不直，但他们认为那就是直线，确凿无疑。正是在这样持续锻炼的过程中，孩子们的书写能力才逐渐地提高，也能够写出看起来中规中矩的汉字，这些与孩子手部力量的增强、书写能力的提升都是有密切关系的。由此可见，孩子书写能力的发展要循序渐进，而是必须要各个方面的条件都满足，才能更好地发展。

  在孩子的书写敏感期内，父母应该激励孩子多写写画画。很多父母觉得孩子写得不好，画得也不好，他们就常常否定孩子。殊不知，这个阶段最重要的是培养孩子书写的兴趣，父母无法要求孩子把书写提到更高的水平。此外，父母还应该为孩子营造良好的书写氛围，给孩子进行书写示范。孩子本身的模仿能力就很强，也通过不断地模仿进行学习，那么父母对孩子的言传身教就会起到很好的作用和效果，能够让孩子更好地学习。

此外还需要注意的是，很多父母会有一个认识误区，那就是他们觉得孩子不认识字是无法阅读的。然而，现在有很多图画丰富的经典绘本，让不认识字的孩子也能阅读。孩子对于图形的感知能力很强，再加上他们丰富的想象力，他们往往能够看懂这些图书，并且乐在其中。父母要引导孩子阅读，但不要过多地干涉孩子如何阅读，父母要做的就是在为孩子营造良好的阅读氛围之余，为孩子挑选优质的图书，让孩子接受最好的精神食粮。

第 09 章
每个孩子性格不同，重视孩子敏感期教育要因人而异

每个孩子都是一个独立的生命个体，在成长的过程中既有共性，也有个性，因而每个孩子的敏感期也是不尽相同的。妈妈要了解孩子的共性和成长的规律，也要知道孩子的独特个性，这样才能做到根据孩子的独特情况，有的放矢地针对孩子展开教育，从而真正地帮助孩子更好地成长。

妈妈要了解学龄前孩子的身心发展特点

妈妈要如何有针对性地对学龄前孩子展开教育，从而帮助孩子更好地成长呢？所谓学龄前，指的是3~6岁的期间。早些时候，孩子们学龄前的阶段都是在玩耍中度过的，如今父母越来越重视幼儿教育，因而大多数孩子在3岁之后就会被送入幼儿园，在幼儿园里度过3年的学龄前时光，再迎接小学阶段的到来。

幼儿园阶段是连接孩子婴幼儿时光与小学时光的关键过渡时期。在这个阶段里，孩子们走出家门，走入幼儿园的集体环境中，每天都要与老师、同学进行交往，他们在此期间也渐渐成为集体中的一员，拥有更加明显的社会属性。如果没有幼儿园阶段的学习，在家庭生活中被娇惯的孩子会变得无组织、无纪律，因而很难直接适应小学阶段的生活。正是因为有了3年的幼儿园生活，孩子们才学会适应有组织、有管理的学校生活，让自己的作息更有规律，并形成初步的学习意识。所以，让孩子在学龄前去幼儿园接受系统的学习是很有必要的。细心的妈妈会发现，经过一段时间的幼儿园学习和生活，孩子的独立意识会越来越强，自我意识也能得到一定的发展。他们不再满足于父母的教育，而是会更加积极主动地加入社会生活，并且希望自己能够在社会生活中扮演重要的角色，成为完全独立的生命个体和社会成员。曾经习惯了妈妈帮忙穿衣服、洗漱打扮的孩子，不再愿意凡事都接受妈妈的安排，他们希望独立吃饭、收拾玩具、挑选喜欢的衣服、选择爱玩的玩具。总而言之，他们的独立意识越来越强，就像一个个小大人一样，希望凡事都能与成人享受同样的待遇。然而，孩子的能力毕竟有限，当孩子发现自己的愿望与现实之间存在巨大的差距时，他们会感到非常苦恼。但是，孩子们正是在不断的学习之中才能得到历练，并且更奋发向上、努力进步。

海绵遇到水会贪婪地吸水，孩子学习也是如此，孩子天生就求知若渴。从出生开始，他们就面临着学习的重任，他们需要学习很多东西，唯有学习才能让他们持续进步。孩子成长的速度非常快，不仅他们的身体在不断的成长，他们的内心也渐渐变得充实且强大。在坚持不懈地学习中，孩子们逐渐拥有了分析、综合和抽象概括的能力，对于他们而言，这些能力的形成对于他们的学习大有裨益，而能力的提高也意味着成长。

细心的妈妈还会发现，孩子们在不断成长的过程中，个性也渐渐得以发展。新生儿刚刚出生的时候都以生理需求为主，看起来没有太大的区别，他们在后期的成长中不断塑形。在成长的过程中，孩子的个性特征越来越鲜明，这让他们有别于其他孩子，变得与众不同。

对于学龄前的孩子，父母尤其需要注意的是，要帮助孩子拥有安全感。之所以很多学龄前的孩子都缺乏安全感，是因为他们正处于人生的重要阶段，他们正在走出家庭，走入社会，因而他们会感到很惶恐，也会在不断的成长之中陷入困境。对于他们而言，安全感恰恰是最重要的，这不但关系到他们的学习，还关系到他们的成长。

那么，妈妈如何做才能给予孩子更强烈的安全感呢？首先，妈妈要避免过度保护孩子。如今，大多数孩子在父母的宠爱和长辈的疼爱中长大，不曾经历过任何坎坷挫折。一旦面对生活的风风雨雨，他们根本无力承受，也会因为被动而陷入人生的困境。另外，父母还要为孩子营造良好的家庭环境，绝不要当着孩子的面发生冲突，更不要让家庭里充斥着暴力。如果孩子从小就在家烦宅乱的环境中长大，他们的心理不会健康，感情也会出现各种各样的问题。其次，妈妈们还要为孩子提供稳定的住所，让孩子在安稳的环境中成长。如今，很多年轻父母都选择背井离乡出去打工，这就让家庭陷入两难的境地：让孩子留在家里和老人一起生活，成为留守儿童的孩子成长会遭遇阻碍；带着孩子在身边，如果没有稳定居所，让孩子在不安稳的环境中生活，孩子会缺乏安全感，也会感到非常苦闷。最后，妈妈还要避免频繁惩罚孩子，更不要威胁孩子。现在提倡赏识教育，妈妈不要动辄打骂孩子。唯有尊重孩子，真正做到平等地对待孩子，妈妈才能与孩子建立良好的亲子关系，与孩子和谐融洽地相处。当孩子信任和依赖你，你也与孩子之间像朋友一样相处，孩子才会身心健康地成长。

实际上，虽然孩子的安全感来自父母，但不安全感也来自父母。新生儿呱呱坠地，在这个世界上唯一可以依靠的就是父母。如果能从父母那里得到依靠，孩子就会觉得心安。如果不能从父母那里得到依靠，孩子就会惶恐不安，觉得自己无依无靠。所以如今才提倡给新生儿做抚触，安抚新生儿的情绪。妈妈需要注意的是，不仅新生儿需要抚触，孩子在成长过程中始终需要父母的爱抚。妈妈的爱抚能够有效地舒缓孩子的情绪，帮助孩子保持心情愉悦和平静。对于幼小的孩子，父母如何疼爱都不为过，因为越是幼小的孩子，越是需要从父母那里得到爱与关怀。在孩子需要安全感的关键时期，妈妈不要以培养孩子的独立性为理由，总是拒绝孩子想要亲昵的要求。妈妈一定要更加用心地陪伴孩子，只有这样才能与孩子建立良好的关

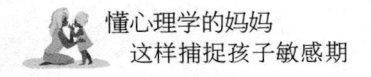

系，培养深厚的感情，也才能真正赢得孩子的信任。只有了解学龄前孩子身心发展的特点，妈妈才能有的放矢地以正确的方式对待孩子，给予孩子爱与关照。

第 09 章
每个孩子性格不同，重视孩子敏感期教育要因人而异

好动型孩子：给予陪伴，耐心引导

皮皮是个典型的好动型孩子，才五岁的他正在读幼儿园中班，每天回到家里就上蹿下跳，除了睡觉时间，从未看到他有安静下来的时候。对于皮皮的表现，妈妈常常觉得很苦恼，因为一旦皮皮回家，妈妈花费一整天时间收拾得干净利索的家，用不了十分钟就会变得杂乱。有一段时间，妈妈整天都跟在皮皮后面收拾房间，简直要抓狂。后来，爸爸看到妈妈那么苦恼的样子，对妈妈说："我建议你在皮皮化身'猴子'的这段时间里，就不要费劲地收拾房间了。否则，你每天都会很累，而且也会因为辛苦劳动的成果得不到尊重而变得脾气暴躁，总是与皮皮发生各种冲突。你还不如把收拾房间的时间用来与皮皮相处，带着皮皮玩呢，这样不但可以引导皮皮，还可以增进与皮皮之间的感情。"

妈妈觉得爸爸说得很有道理，因而改变思路，不再纠结于自己辛苦打扫干净的房间是否被皮皮弄脏弄乱，而是想方设法与皮皮一起做游戏。在与皮皮深度相处的过程中，妈妈还发现皮皮很有思想和个性呢。妈妈就像认识了一个全新的皮皮，不仅感到很新奇，而且也很愿意与皮皮继续相处。

有人说，两个人在同一间小房间中静坐，他们都通过狭小的窗户往外看，一个看到了地上的泥土，另一个却看到了满天的星辰。这与养育孩子的道理其实是共通的。在养育孩子的过程中，妈妈一定要善于发现孩子的优点，看到与孩子相处的乐趣。人人都说，养育孩子是甜蜜的负担，但妈妈不要只把重点放

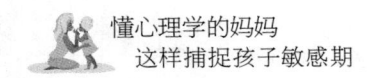

在负担上，而要看到这个负担是与众不同的，是非常甜蜜的。事例中的妈妈原本因为辛辛苦苦收拾好的家被皮皮弄得乱七八糟而生气，但后来在爸爸的提醒下改变思路，认识到了养育孩子的快乐，同时也在陪伴皮皮玩耍和成长的过程中，更喜欢皮皮，看到了皮皮更多的优点和长处。在那之后，妈妈把负担变成了甜蜜的源泉：既然孩子的成长过程是不可逆的，为何不在孩子还喜欢在家里玩耍的时候给予孩子自由活动的天地呢？否则，孩子在限制中长大，终于飞出家，在更广阔的天地自由地翱翔时，只怕你想让孩子守在家里，孩子还不愿意呢！

　　对于好动型孩子，妈妈一定要给予耐心的陪伴，而且可以在思维上多多引导孩子，启迪孩子的思想，活跃孩子的思路，这样才能让孩子从喜欢"动"到喜欢"动脑"。为了激起孩子动脑的兴趣，妈妈还可以和孩子一起做游戏，多多进行亲子互动，如给孩子布置特定的任务。这样一来，孩子就可以带着任务去做游戏，完成任务，自然效率倍增。与此同时，为了让孩子能够安静下来，培养孩子的专注力，妈妈还可以激发孩子的阅读兴趣，帮助孩子养成阅读的好习惯。这样的习惯对于孩子的成长只有好处而没有任何弊端。总而言之，对于性格类型不同的孩子，妈妈要在深入了解孩子的基础上，有的放矢，帮助孩子成长。

第09章 每个孩子性格不同，重视孩子敏感期教育要因人而异

虚伪型孩子：建议要中肯，表扬要真诚

学校里正在统计报名参加兴趣班的事情。丹丹把兴趣班的报名表拿回家里交给妈妈看，妈妈看到报名表上不仅有唱歌、舞蹈、绘画等丹丹喜欢的项目，还有打水鼓等丹丹没有接触过的音乐类兴趣班，因而对丹丹说："你想报名参加哪个呢？是唱歌跳舞，还是打鼓呢？"丹丹想了想，没有说出自己的答案，反而问妈妈："妈妈，你觉得哪个好呢？"妈妈笑着说："我觉得好没有用啊，这是兴趣班，关键是你要感兴趣才行。你觉得自己喜欢哪一个，或者哪两个，你就可以报名参加，妈妈给你交报名费。"在妈妈的鼓励下，丹丹才说："我觉得绘画、跳舞我都挺喜欢的，还有唱歌、打水鼓也不错。"妈妈说："报四个的话，时间肯定太紧张了。你觉得下午放学后的时间能安排得过来吗？其实学习不在于多而在于精，哪怕只报名一个项目，只要能把这个项目学好，就是真正的收获。"

在妈妈的启发和引导下，丹丹说："我觉得绘画我有基础，唱歌能让我变得开心。要不就报名参加这两项吧，你觉得呢？"妈妈说："我觉得你的选择很明智。妈妈会大力支持你的，放心吧！"在妈妈的鼓励下，丹丹更加坚定了自己要报名参加绘画和唱歌的兴趣班的决心，妈妈也觉得很欣慰。

丹丹是虚伪型性格的孩子，她在拿到兴趣班的报名表时，已经心中有数了，但是面对妈妈的询问，她并没有说出自己的想法，而是要参考妈妈的建

议。妈妈当然了解丹丹的性格，因而给予了丹丹很大的鼓励，因此丹丹才能说出自己的想法。对于丹丹的想法，妈妈马上表示大力支持，因为如果妈妈否定丹丹的选择，以后丹丹就会更加依赖妈妈，这也会导致她虚伪型性格的加强。每一位明智的妈妈都知道要尊重孩子，面对虚伪型性格的孩子，妈妈更要坚定不移地支持孩子的想法和做法，这样孩子才能从妈妈那里得到勇气，也才能让自己的决断力越来越强，并得以提升。

所谓虚伪型性格的孩子，并不是大多数人所想的言行举止很虚伪的孩子，而是说孩子不敢表达自己内心的真实想法，无法遵循自己的本心做事情。虚伪型性格的孩子往往心事比较重，当大多数孩子都不谙世事，做任何事情都只遵从自己的心意时，虚伪型性格的孩子却在讨好父母，甚至为了迎合父母而改变自己的心意，做出符合父母预期的回答或者表现。例如，妈妈问孩子是喜欢学习舞蹈还是唱歌，他并不会不假思索地给出自己的回答，而是反问："您希望我学习什么呢？"听到这样的回答，如果妈妈控制欲很强，就会让孩子听从她的安排。而如果妈妈尊重孩子的意愿，她就会鼓励孩子按自己的想法选择，甚至会耐心地引导孩子："这是选择你感兴趣的事情，所以你不需要考虑爸爸妈妈的喜好，只要遵从你的内心就好。"在妈妈的不断鼓励下，孩子才会敢于说出自己的真实想法。

当然，也不排除有些孩子的确不知道自己应该如何做选择，或者说他们在诸多选项中陷入了困境，在这种情况下，妈妈可以给出中肯的建议，帮助孩子理性地分析如何在诸多选项中选择最正确的那一项。但是妈妈也要注意，不要过度引导孩子，否则就会对孩子产生不好的影响。我们真正的目的是让孩子自由地选择，这对于孩子形成自己的个性、成为有棱角的人是很重要的。因此，妈妈要端正自己的态度，也要以正确的身份面对孩子，不要觉得自己生养了孩子，就对孩子拥有绝对的控制权。真正优秀的妈妈首先要学会尊重孩子，要意识到孩子是独立于父母之外的生命个体，要明白孩子有自己的人生，而无须为父母实现他们未完成的梦想。孩子和父母即便再亲昵，彼此之间也需要划分明确的界限，这样才能够保证孩子自由成长的独立空间。

虚伪型性格的孩子往往喜欢迎合父母，或者迎合其他他们想要迎合的人。为了得到他人的认可和赞许，他们不惜违心地做出一些事情。从心理学的角度而言，虚伪型性格的孩子其实有些迷茫，因为他们不敢坚持自己的初心，也不能做到忠于自己的内心。对于虚伪型性格的孩子，妈妈虽然要认可他们，但是也不能过度表扬他们，否则孩子就会为了得到你的表扬而更加迷失自我。当意识到虚伪型性格的孩子给出的回答并不是出于他的真心的时候，妈妈可以加大力度鼓励孩子，告诉孩子不必过分在乎他人的意见，而要忠于自己的内心。

正如诗人但丁所说的："走自己的路，让别人说去吧！"虚伪型性格的孩子恰恰缺乏这样的勇气。对于不了解的人，他们会觉得虚伪型孩子很好相处，也会认可虚伪型性格的孩子在人际交往中的表现。但是对于了解的人，他们会因为听不到虚伪型性格的孩子的真心话而懊恼。归根结底，人与人的交往要建立在真诚的基础上，只有真诚和坦诚才能成就高效率的交流。为了改变虚伪型性格的孩子不能与人坦诚相对的缺点，妈妈要以身示范，在与人相处的时候直截了当，在与孩子相处的时候也要做到真诚相待，在妈妈言传身教的影响下，虚伪型性格的孩子会渐渐地有所改变，也能让自己的内心变得更轻松。

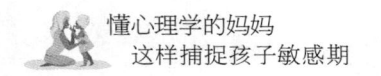

张扬型孩子：多给予冷处理，让孩子安静下来

眼看着就要进行比赛了，爸爸妈妈都很紧张，但是真正要参赛的选手小薇却丝毫不紧张。妈妈建议小薇在比赛正式开始之前再争分夺秒地练习一下，小薇满不在乎地说："没关系，我不用再练习了，我这种水平，得个前三名还是有把握的。"对于小薇的表现，妈妈觉得很担心："小薇，你这么骄傲轻敌，会不会发挥失常啊！"说完，妈妈给小薇讲了一个优秀的舞蹈家因为不端正心态、过度低估对手导致比赛发挥失常，非但没有赢得名次，反而输得一败涂地的故事。小薇听故事的时候一直噘着嘴，显而易见，她不想听到妈妈讲这么丧气的故事，她还希望得到妈妈的鼓励呢！

妈妈似乎看透了小薇的心思，说："你呀，在没有鼓励和表扬的情况下，都已经这么自我膨胀了，如果我继续给你褒奖，你岂不是不知道自己姓什么了！"听了妈妈的话，小薇说："但是，我想得到你的表扬啊！"妈妈说："想得到我的表扬也可以，那就先好好努力，等在比赛中取得好成绩之后，我一定会表扬你的！"结果不出妈妈所料，在比赛的过程中，小薇因为骄傲轻敌，发挥失常，没有取得理想的成绩。看着小薇沮丧的样子，妈妈语重心长地对小薇说："小薇，每个人都有自己的优点，也有自己的缺点，你要客观地审视自己，这样才能看到自己的缺点，也看到别人的优点。要知道，人外有人，天外有天，没有人是绝对完美的，更没有人能在全天下都无敌。这次是很好的教训，你一定要总结经验，以后不要再犯这样的失误了。"小薇这次听进了妈妈的劝说，使劲地点了点头。

在这个事例中，小薇是典型的张扬型性格的孩子。她之所以在比赛前充满信心，完全是她的性格使然。对于这种性格类型的孩子，适当地给他们泼些冷水并不是坏事情。如果泼冷水不管用，妈妈也无须继续苦口婆心，而是要让孩子真正意识到自己过分张扬导致的严重后果，这样孩子就能够从中感悟到深刻的道理，也才能够收敛自己。张扬的孩子充满热情，就像是一团燃烧的火焰，而要想给火焰降温，一盆水泼灭是不可取的，以冷处理的方式，缓慢地给孩子降温是更理性的行为。

很多孩子个性张扬，从不低调，不管做什么事情，他们都大张旗鼓地进行，恨不得把自己的言行举止昭告天下。这样的孩子虽然表面上看起来很张扬，喜欢炫耀自己、贬低别人，但他们也有优点，那就是勤于动脑、热爱思考，对很多难题都喜欢寻根究底。这种性格类型的孩子往往很活泼，很热情，精力充沛，很少有感到疲劳的时候。他们每天都保持着对生活的热情，从来不愿意委屈自己，对待事情不会不委曲求全，或者退而求其次。教育学专家认为，在对待张扬型性格的孩子时，为了避免孩子形成以自我为中心的坏习惯，也为了避免孩子变成独享主义者，最好的办法就是对孩子加以引导，在孩子最初表现出张扬的性格特点时，就有的放矢地引导孩子。在孩子小的时候，性格还没有完全成型，引导会起到比较好的效果。随着孩子渐渐长大，他们的性格逐渐定型，如果妈妈等到那时再去引导和改变孩子，往往为时晚矣。

妈妈一定要记住，面对张扬型性格的孩子，绝不要始终保持高昂的热情，因为孩子很有可能从你的热情中汲取力量变得更加张扬。妈妈需要偶尔对孩子表现出适度的冷淡，特别是在孩子过度热情的时候，妈妈更要把握好自己的情

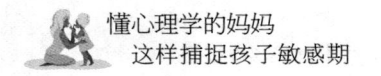

绪，不盲目给孩子加温。此外还需要注意的是，在给孩子降温的时候，说话要经过慎重思考，不要随意地说出伤人的话。例如，有的妈妈会对孩子说"我不喜欢你了""你很讨厌，妈妈不想要你了"，类似这样的话会伤害孩子幼小的心灵，也会让孩子马上失去安全感，陷入惶恐之中。正确的降温方式是，妈妈可以告诉孩子"你的行为让我很失望，我不知道你为什么要这样""我感到很伤心，我都不认识我的孩子了"，这样的话更加理性，在给孩子降温的同时不至于伤害孩子的心灵，对于孩子而言是更容易接受的。

当妈妈发现孩子犯错误的时候，不负责任地把孩子推到一边是不能解决问题的。唯有更加用心地认识和了解孩子，更深入地感受孩子的内心，妈妈才能设身处地为孩子着想，也才能友好和谐地与孩子相处。很多妈妈都认为亲子关系是一个大难题，实际上只要彼此心意相通，你与孩子之间的很多难题就会迎刃而解。

消极型孩子：妈妈要多支持和鼓励

转眼之间，果果已经上幼儿园中班了，从在家里疯玩的小丫头变成了一个规规矩矩的孩子。在家里的时候，全家人都很宠爱果果，因而爸爸妈妈并没有发现果果消极型的性格特征。直到进入幼儿园，有一次老师邀请孩子们报名参加学校里的安全儿歌比赛，妈妈大力支持果果参加比赛，果果却因不自信而不敢报名。

即使在妈妈和老师的共同鼓励下，果果也无法鼓起信心和勇气，而是不停地说"不行"。妈妈问果果："你会唱好几首儿歌，都是关于安全的，为什么不行呢？"果果说："我肯定不行。"这个时候，妈妈意识到果果真的很胆小怯懦，属于悲观消极型的小孩，不能鼓起勇气来面对这次比赛。后来，妈妈更加用心观察果果，发现果果虽然在家里是个伶牙俐齿的孩子，而且做起事情来很强势，但却是典型的"窝里横"。一旦走出家门，她马上就会"熄火"，遇到事情会畏缩不前。为此，妈妈每次都很努力地鼓励果果，还给予果果最大的支持。就像这次儿歌比赛，妈妈答应只要果果参加，不管结果如何，都请果果去吃汉堡。听说有美味的汉堡可以吃，果果马上提起兴致。但一想到比赛很"可怕"，果果又有偃旗息鼓的趋势。为此，妈妈对果果说："果果，你要下定决心哦！只有相信自己能行，你才真的能行。加油好不好？你能参加，妈妈就非常高兴。"就这样，在妈妈的鼓励下，果果终于下定决心参加比赛，结果

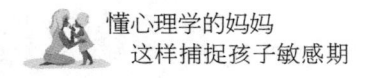

取得了不错的成绩。

　　每个孩子的性格特征都是不同的，有的人很积极，有的人很消极，当孩子表现出消极的性格特征时，妈妈最重要的是要多多鼓励和支持孩子。有些妈妈看到孩子胆小怯懦的表现时，会对孩子严厉地训斥，导致孩子茫然不知所措，更加没有头绪。实际上，越是胆小的孩子，在遭到父母的严厉批评时，他们会表现得越怯懦。勇气不是骂出来的，也不是打出来的，明智的妈妈一定要知道，唯有多多鼓励和支持孩子，孩子才能鼓起勇气，拥有力量，更好地成长。

　　当看到孩子有进步的时候，哪怕只是小小的进步，妈妈也要抓住机会当即认可孩子，赞许孩子，鼓励孩子。尤其是当孩子面对选择的时候，妈妈不要一味催促孩子，而要引导孩子做出选择，在这样的过程中，孩子就会变得越来越有主见。罗马不是一天建成的，孩子的信心大厦也绝非与生俱来。要想培养孩子积极的想法，妈妈可以多与孩子交流，引导孩子在正负两方面的选择中，选择积极主动的方面。孩子拥有自信后，他们能更加坚定不移地作出选择，消极的倾向也会越来越淡化，他们的内心也会更加理性和勇敢。

　　面对消极型性格的孩子时，即使他们的表现没有达到你的预期，你也不要一味否定和批评他们。消极型的孩子原本就容易陷入自卑的情绪之中无法自拔，如果你再不分青红皂白地批评和否定孩子，孩子就会更加胆怯，也就更无法鼓起勇气面对成长中的各种困境。对于人生，缺少自信和一往无前的勇气，会让孩子被恐惧的浪潮淹没，永远无法向前。因此，妈妈一定要有意识地培养孩子的勇气，也要在潜移默化中转化孩子的性格，让孩子从消极变为积极，这样孩子在面对人生的时候才会更加主动，绝不畏缩。

参考文献

[1]李芷怡.抓住敏感期，孩子更优秀[M].天津：天津科学技术出版社，2022.

[2]蒙台梭利.蒙台梭利儿童敏感期手册[M].蒙台梭利丛书编委会，编译.北京：中国妇女出版社，2016.

[3]吴景岚.捕捉孩子敏感期[M].天津：天津科学技术出版社，2021.

[4]孙瑞雪.捕捉儿童敏感期[M].北京：中国妇女出版社，2013.